学前儿童语言教育活动指导

主　编　李建军　梁　艳

副主编　王剑莹　刘永华

参　编　居　妍　袁梦颖　朱闪闪　吴　英
　　　　姚锦风　陈爱萍　王　丽　李　莉
　　　　姚亚云　江　晨　陆小涛　张宏云
　　　　张艳梅　喻　琴　任　钰

苏州大学出版社
Soochow University Press

图书在版编目(CIP)数据

学前儿童语言教育活动指导 / 李建军, 梁艳主编. 苏州 : 苏州大学出版社, 2025. 5(2025. 8 重印). -- ISBN 978-7-5672-5210-3

Ⅰ. G613.2

中国国家版本馆 CIP 数据核字第 2025R7C194 号

书　　名	**学前儿童语言教育活动指导**
主　　编	李建军　梁　艳
责任编辑	刘一霖
出版发行	苏州大学出版社 (苏州市十梓街 1 号　215006)
印　　刷	苏州市越洋印刷有限公司
开　　本	889 mm×1 194 mm　1/16
印　　张	12
字　　数	321 千
版　　次	2025 年 5 月第 1 版 2025 年 8 月第 2 次印刷
书　　号	ISBN 978-7-5672-5210-3
定　　价	46. 00 元

图书若有印装错误,本社负责调换

苏州大学出版社营销部　电话:0512-67481020

苏州大学出版社网址　http:∥www. sudapress. com

苏州大学出版社邮箱　sdcbs@ suda. edu. cn

前　言

本教材以习近平新时代中国特色社会主义思想和党的二十大精神为指导，以《幼儿园教师专业标准（试行）》《学前教育专业师范生教师职业能力标准（试行）》《幼儿园工作规程》《幼儿园教育指导纲要（试行）》《3—6岁儿童学习与发展指南》等为依据，吸收幼儿园语言教育改革实践的重要成果，密切结合学前教育专业学生的认知规律和学习特点，贯彻理论联系实际的原则，将学习知识、增强能力与幼儿园教育工作实际情境和岗位需求紧密结合，力求目的明确、指导具体。

一、对接岗位需求，合理安排学习专题

在幼儿园教育中，专门的语言教育活动包括谈话活动、讲述活动、文学活动、早期阅读活动、听说游戏活动、语言区角活动等几个主要的活动类型。基于此，本教材共设置了7个学习专题。专题1学前儿童语言教育概述，重点帮助学生理解学前儿童语言教育的内涵、意义、观念、目标与方法等。专题2至专题7分别围绕谈话活动、讲述活动、文学活动、早期阅读活动、听说游戏活动、语言区角活动展开，为学前教育专业学生全面了解幼儿园语言教育的主要活动类型，掌握其基本的要求和实施要领提供帮助。

二、遵循学习规律，精心设置学习任务

本教材旨在引导学前教育专业学生掌握学前儿童语言教育相关教育理念、学科知识、活动设计与实施的要领，考虑到认知和技能学习特点，采用任务式设计。首先，帮助学生理解不同类型语言教育活动的内涵、特点与类型，做好应有的知识准备。其次，引导学生掌握目标设计的基本要求以及活动实施的一般过程。再次，开展案例研讨，引导学生结合相应的主题，对活动的目标、准备、过程设计等进行全面的解读，开展自主的模仿性学习，并在此基础上进一步结合工作情境，尝试开展学前儿童语言教育活动的设计和实践。

三、突出问题导向，确立正确教育理念

学前儿童语言教育活动设计和实施的学习绝不是纯粹的操作技能学习。作为一种复杂的心智技能，这种学习受到学习主体对幼儿、活动主题、活动目标、材料与经验准备、活动过程等要素理解和认识的影响，具有较强的观念性。因此，本教材安排了“说一说”“议一议”等学习环节，通过相关问题的探讨，引导学生在思考中加深对知识的理解，树立正确的教育理念。不仅如此，本教材还设置了“调查与研究”环节，引导学生结合日常见习，在实践基地的具体工作场景中开展合作探究，在理论与实践之间架起桥梁，促进教育工作岗位关键能力的发展，深化对教育理念和相关知识的理解。

四、提供“原型定向”，着力培养心智技能

以正确教育理念的确立为基础，本教材安排了案例研究专题，通过经典案例细读和评点，为学生提供“原型定向”，帮助学生学习一线专家教师的经验，尝试概括和提取学前儿童语言教育活动的基本程序，掌握学前儿童语言教育活动设计与实施的基本法则，初步建构学前儿童语言教育活动设计与实施的基本行为模式，促进心智技能的内化，形成工作过程知识和职业能力，为进一步开展工作场景下的模仿性学习和实践提供应有的支持。

本教材是学前教育专家和一线教师紧密合作的重要研究成果。从提纲和体例的讨论到内容的确定、案例的征集，再到完稿，整个编写过程是在大家共同研讨和互动中完成的。南通师范高等专科学校李建军教授和宿迁幼儿师范高等专科学校梁艳老师担任主编，常州幼儿师范高等专科学校吴英副教授，南通师范高等专科学校学前教育第二学院青年教师王剑莹、姚锦风、刘永华、居妍、袁梦颖、朱闪闪，南通市教育局基础教育处副处长、江苏省特级教师王丽，南通市教育科学研究院幼教教研员陈爱萍，南通市通州区责任督学管理中心副主任、江苏省特级教师张宏云，如皋市教育局幼教教研员、江苏省特级教师姚亚云，南通市通州区学前教育责任督学、江苏省特级教师李莉，南通市通州区虹西幼儿园园长、江苏省特级教师张艳梅，如皋市如皋师范附属小学新城幼儿园业务园长江晨，南通市市级机关第一幼儿园教科室主任陆小涛，南通市通州区通州幼儿园常务副园长任钰，南通市通州区洞庭湖路幼儿园园长喻琴等专家、老师共同参与编写，并组织团队为教材提供给了丰富的案例。

教材引用了一些权威专家的研究成果和观点以及一线教师撰写的优秀案例。这些内容为教材增添了亮点。

特别感谢苏州大学出版社编辑刘一霖，她的专业指导和悉心帮助，为教材的质量提供了有力保障。

本教材所承载的内容受到一定框架体系、篇幅以及编写时间的限制，但学前儿童语言教育的研究与实践是鲜活的、丰富的，新的成果不断涌现，因此本教材难免存在不足之处。我们诚恳地希望与教材使用者共同努力，及时吸纳新成果，不断完善教材的知识体系，形成更生动的活动案例库，为学前教育专业学生学习和在职教师研修提供更有效的指导。这将是一件意义深远而又永无止境的工作。

编者

目录

专题 1

学前儿童语言教育概述

学习目标

• 知识目标

1. 明确学前儿童语言教育的概念与内涵。
2. 领悟学前儿童语言教育的意义。
3. 理解学前儿童语言教育目标制定的依据以及不同层次目标的要求。
4. 了解学前儿童语言教育的主要途径和常用方法。

• 能力目标

树立学前儿童语言教育的基本观念，能够对日常的语言教育现象进行正确的判断和分析。

• 素质目标

树立正确的语言教育观，增强积极主动为学前儿童语言发展提供支持的自觉意识。

任务导览

- 专题1 学前儿童语言教育概述
  - 任务1 理解学前儿童语言教育的概念与内涵
    - 学前儿童语言教育的概念
    - 学前儿童语言教育的内涵
  - 任务2 领悟学前儿童语言教育的意义
    - 促进学前儿童语言和行为的社会化
    - 促进学前儿童学习与认知能力的发展
    - 促进学前儿童学习和运用语言兴趣的产生
    - 促进学前儿童今后的书面语言学习
  - 任务3 树立正确的学前儿童语言教育观念
    - 完整语言教育观
    - 整合语言教育观
    - 活动语言教育观
  - 任务4 理解学前儿童语言教育目标制定的要求
    - 学前儿童语言教育目标制定的依据
    - 学前儿童语言教育目标的层次
  - 任务5 了解学前儿童语言教育的主要途径
    - 专门的语言教育活动
    - 日常生活中的语言教育活动
    - 渗透在其他领域中的语言教育活动
  - 任务6 了解学前儿童语言教育的常用方法
    - 视、听、讲、做结合法
    - 示范法
    - 讲解法
    - 练习法
    - 游戏法
    - 表演法
  - 任务7 研究与实践
    - 调查研究
    - 尝试实践

情境导入

“人生百年，立于幼学。”学前教育对于个人成长乃至社会发展具有不可或缺的基础性意义。幼儿期是学前儿童学习语言的关键期。受到良好的语言训练和获得语言能力是学前儿童应有的权益。我们该如何正确认识学前儿童语言教育？如何树立正确的语言教育观念？如何从学前儿童的身心特点出发，开展真正意义上的学前儿童语言教育？这些是我们学习“学前儿童语言教育”这门课程首先必须面对和解决的问题。

任务 1

理解学前儿童语言教育的概念与内涵

任务目标

1. 能说出学前儿童语言教育的概念。
2. 能理解学前儿童语言教育的内涵。

知识链接

幼儿期是人一生中掌握语言最迅速、最关键的时期，所以，在这一时期开展语言教育、大力发展学前儿童的语言能力对学前儿童而言至关重要。

一、学前儿童语言教育的概念

学前儿童语言教育的概念有广义和狭义两种。

广义的学前儿童语言教育，是指以 0~6 岁儿童语言获得和学习现象、规律以及教育支持与引导为研究对象，包含了从出生就开始进行的听说指导、早期阅读训练，甚至在有条件的情况下进行的外语学习等的各种活动的统称。这样的理解有助于我们从人出生以后所受到的社会影响的角度来认识儿童的语言学习及成人提供的教育引导活动，把儿童的语言教育理解为一个前后连贯和包含多种活动的整体。狭义的学前儿童语言教育则是指从基础教育目标任务的角度出发，为帮助和引导 3~6 岁学前儿童掌握和学习母语而开展的支持和引导活动。

本教材从狭义的角度对学前儿童语言教育的概念进行界定：学前儿童语言教育是根据 3~6 岁学前儿童身心发展的规律和特点，为促进其语言发展，组织开展的有目的、有计划、有组织的支持和引导活动。这是一门沟通学前教育理论与实践的应用性、实践性科目，与其他领域教育构成横向联系，共同促进学前儿童身心全面和谐发展。

议一议： 关于学前儿童语言教育的概念，广义的概念与狭义的概念有什么异同？

二、学前儿童语言教育的内涵

作为学前儿童教育活动的一个重要领域，学前儿童语言教育与一般影响幼儿成长的活动相比，有着自身的特殊性。我们可以从以下几个方面来理解其内涵。

（一）学前儿童语言教育是具有一定目的性的活动

离开了有目的、有计划的教育活动，幼儿不可能迅速掌握复杂而又系统的语言符号，他们的语言潜能也不可能获得最大限度的发展。学前儿童语言教育的根本目的是促进幼儿积极主动地与人交谈，与周围的语言环境不断发生交互作用，从而获得语言经验，增强语言能力。这些经验包括语言内容、语言形式和语言运用。语言内容是指词和词在传递信息及含义时的表征关系，即“说什么”。语言形式是指语言交往中约定俗成的符号系统和系列规则，即语音、词法和句法。语言运用是指说话者根据语言意图和语言环境对语言工具的有效使用，即“怎么说”。①

在教育活动中，教师要创设良好的语言环境，提供丰富的语言信息，促使幼儿积极主动地参与活动，不断获得语言经验，从而实现语言教育的目的。

（二）学前儿童语言教育是具有一定计划性的活动

学前儿童语言教育是一种有计划的活动，它遵循幼儿语言发展的规律，根据幼儿语言发展的特点和教育目标，有计划地选择和安排教育内容，丰富幼儿的语言经验，循序渐进地促进幼儿语言能力的发展。

（三）学前儿童语言教育是具有一定组织性的活动

语言是一个复杂的符号系统，有自身的结构和规则。幼儿学习规范的语言，单靠日常生活中的语言活动是不够的，还需要专门的语言学习活动。这类专门的语言学习活动能让幼儿集中、规范地学习语言知识，发展语言能力，如专门的谈话活动、讲述活动、文学活动、听说游戏活动、早期阅读活动等。在这些活动中，教师可以根据幼儿语言发展的特点，为幼儿提供丰富多样的语言交往情境，让他们充分地感受、学习和掌握语言材料，尝试运用规范的语言符号系统，不断把新的语言经验纳入已有的经验体系，从而不断发展和增强语言能力。

相较于日常生活中一般的语言活动，学前儿童语言教育是引导幼儿学习语言的特殊实践活动，对幼儿的语言发展起到全面的促进作用。

议一议： “学前儿童语言教育要为幼儿提供喜欢的图书，组织开展好阅读活动，这样一定能够促进幼儿的语言发展。”你同意这样的观点吗？为什么？

① 周兢. 幼儿园语言教育活动设计与组织［M］. 北京：人民教育出版社，1996：7-9.

任务 2

领悟学前儿童语言教育的意义

任务目标

能够较为全面地理解学前儿童语言教育对学前儿童语言和行为的社会化、学习与认知能力、学习和运用语言的兴趣以及书面语言等方面发展的促进意义。

知识链接

语言学习是一个长期的经验积累过程，贯穿于幼儿成长与发展的各个领域，也对其他领域的学习与发展有着重要的影响。幼儿在运用语言进行交流时，也在发展着人际交往能力、理解他人和判断交往情境的能力、组织自己思想的能力。学前儿童语言教育的意义主要体现在以下几个方面。

一、促进学前儿童语言和行为的社会化

幼儿天生具有语言发展的潜力，但语言能力不是与生俱来的，而是在运用过程中发展起来的。学前儿童语言教育的根本任务是促进幼儿语言运用能力的发展，为幼儿创造自由、宽松的语言交往环境，培养幼儿良好的语言交往习惯，增强幼儿的语言交往能力；发展幼儿的语言理解能力和表达能力；培养并增强幼儿倾听和欣赏儿童文学作品的能力；激发幼儿对阅读与书写的兴趣，为幼儿入学后的积极学习奠定基础。

学前儿童语言教育为幼儿提供各种各样可供学习和运用的语言范例，包括日常对话、故事、诗歌、游戏等，让他们感知、体会、理解和记忆。在这个过程中，幼儿不断积累新的语音和词汇，不断吸收新的句式和表达方式，然后逐渐转化为自己的语言，表达自己的思想和情感，对他人产生影响。

幼儿个体的社会化是在与人交往的过程中实现的，而交往离不开语言。幼儿习得语言之后，就能用语言与周围的人交换信息，进行交流。在信息交换过程中，幼儿有机会扮演不同的角色，观察对方的行为、表情以及处事的方式，从而获得丰富的体验和感受。这种交流有助于幼儿根据不同情境的需要，运用恰当的方法、策略和语言形式与他人展开交流，表达自己的想法，在了解社会规范的过程中逐渐形成自我调节能力，进而促进自身的社会化。

拓展阅读

语言发展对幼儿社会性发展的促进作用①

1. 增强社会交往能力。

随着幼儿语言能力的增强，其社会交往能力也将逐渐增强。在学会一种语言形式之前，人与人之间的关系仅限于身体与其他外部姿势的模仿和一种笼统的情感交流关系。掌握了语言之后，就可以交流彼此的内心活动。思维的发展促使幼儿能够表达自己的想法。

(1) 幼儿可以使用语言表达自己的感受和需要，让成人或同伴及时了解自己或引起他人的注意。能用语言清楚表达自己情感的幼儿通常更受到他人的欢迎，能在情感上获得极大的满足。

(2) 幼儿可以使用语言调节自己的行为，掌握自我评价的标准。例如，在与他人交往中，幼儿逐渐学会使用语言而不是身体动作来应对侵犯，学会通过语言协商而不是发脾气或其他粗暴行为来解决与他人之间的争端或冲突。

2. 促进幼儿道德的发展。

幼儿的道德行为和道德判断也是在幼儿掌握语言以后才逐渐产生的，且多少包含一些意志行动的成分。在语言获得初期，随着在日常生活中自己的行为获得成人的“好”或“不好”的评价，幼儿开始理解哪些是“好的”行为，哪些是“不好的”行为，并能在成人要求的前提下做出一些合乎道德要求的行为。随着语言和认知的进一步发展，3 岁以后幼儿的道德感开始形成，他们逐渐通过交往和模仿学习，掌握一些行为规范和道德标准，开始关心别人的行为是否符合道德标准，并由此产生相应的满足或不满足的情感，各种道德习惯也逐渐养成。

二、促进学前儿童学习与认知能力的发展

幼儿吸收加工语言，与其他认知加工有许多相似之处。语言的输入、输出、正确理解以及规则的掌握等都需要感知、记忆、想象、思维等各种认知活动的参与。具体而言，语音的感知，词汇的记忆，语义的理解，语法规则的抽象、概括，都能促进幼儿认知能力的发展，对增强幼儿的学习能力具有重要的意义。

随着幼儿语言水平的提高，语言与认知的结合也日益密切。语言可以帮助幼儿逐渐减少思维对行动的依赖。1 岁半以前的婴幼儿处于语言准备期，对事物的认识主要依赖直觉。而随着语言经验的发展和积累，幼儿的大脑开始对事物做出概括化的反映。这使得幼儿的思维从直觉行动思维逐渐发展为具体形象思维，进而逐渐过渡到抽象逻辑思维。语言的发展可以帮助幼儿更全面、更深刻地认识世界。

三、促进学前儿童学习和运用语言兴趣的产生

随着语言经验的不断丰富，交往技能的不断增强，幼儿学习和运用语言的兴趣也会日益浓厚。听和说的兴趣、自信和主动精神都有助于增强语言能力，而幼儿一旦产生学习语言的兴趣，就会

---

① 周兢，余珍有. 幼儿园语言教育［M］. 北京：人民教育出版社，2004：7.（有改动）

主动寻找学习语言的机会，学习更多的语言符号，尝试新的语言技巧，语言的潜能也就能得到充分的发挥。这种兴趣不仅会对幼儿当前的语言学习活动产生积极影响，还可能会影响他们入学后乃至成年后学习和运用语言的兴趣，甚至在一定程度上决定他们在未来是否会选择与语言活动密切相关的职业。

拓展阅读

大班孩子欣赏完乐曲《金蛇狂舞》，老师问孩子们："你们听到了什么？"孩子们回答："我好像听见了敲锣打鼓的声音。""我好像听到了放鞭炮的声音。""我好像听到了人们在欢笑。""我好像看见了人们在跳舞，听到了他们在相互问候。"……

分析探讨：欣赏乐曲后，老师通过提问引导幼儿展开想象并运用语言表达自己的感受，巧妙地将优美的音乐符号与幼儿的生活经验联系在一起，丰富了幼儿的语言表达素材，激发了幼儿运用语言进行表达的兴趣，为幼儿自主地学习运用语言创造了条件和机会。

四、促进学前儿童今后的书面语言学习

幼儿的语言学习是一个连续的过程。语言使用一般经历非语言表达、口头语言的使用和书面语言的使用三个阶段。前一个阶段往往是后一个阶段发展的基础和条件。幼儿正处在"口头语言的使用"阶段，主要练习听、说、读。书面语言的发展是以口头语言为基础的。只有掌握口头语言，才能更好地学习书面语言。在幼儿入学之前，丰富幼儿的语言经验，引导幼儿学会普通话的准确发音，掌握和理解一定的词汇，积累一定的阅读经验，培养口语表达能力，将为幼儿入学后学习书面语言打下良好的基础。

议一议：学前儿童语言教育是如何促进幼儿多方面发展的？

任务3
树立正确的学前儿童语言教育观念

任务目标

能够运用完整语言教育观、整合语言教育观和活动语言教育观，分析日常的学前儿童语言教育现象。

知识链接

学前儿童语言教育始终贯穿着一定的指导思想，即一些基本的教育观念。这些观念将直接影响学前儿童语言教育的目标、内容、方法、实施及评价，决定着学前儿童语言教育的效果。

一、完整语言教育观

完整语言教育观强调学前儿童语言教育目标和内容应当是全面的、完整的，学前儿童语言教育活动应当在真实、多样的情境中进行。

（一）学前儿童语言教育目标的完整性

完整语言教育的目标不仅包括听、说、读、写几个方面，还包括情感与态度、认知与习惯以及技能与能力等方面。学前儿童语言教育目标主要是培养幼儿的听说能力和良好的听说行为习惯，让幼儿掌握早期阅读、书写技能。在所有的目标中，培养幼儿的语言运用能力，特别是语言倾听、表达能力和相应的良好行为习惯，是语言教育的重点。

（二）学前儿童语言教育内容的完整性

学前儿童语言教育内容的完整性指的是学前儿童语言教育既要引导幼儿学习口头语言，也要引导其学习书面语言；既要引导幼儿理解和运用日常交际语言，也要引导其学习文学语言；既要有字、词、句的学习活动内容，也要有文学作品的教育内容；既要有母语教育的内容，也要有外语教育的内容；既要有理解性的口语教育，也要有表达性的口语教育。

教师在选择和编排语言教育内容时，要把语言看作一个整体。一方面，将语言的听、说以及早期的读、写完整地统一在语言教育活动中；另一方面，有机地联结语言和文学，让幼儿在文学作品中受到美的熏陶，学习相关的语言知识。与此同时，还要进一步考虑语言学习与其他领域学习的整体关系，使幼儿的语言学习与认知、社会性等方面的发展一体化。

（三）学前儿童语言教育活动的真实性

幼儿只有在真实的情境中，以积极的交流态度主动地运用语言，才能更加有效地发展自己的语言能力。因此，学前儿童语言教育要满足幼儿交流的需要，采用适合幼儿的全面的活动类型和形式，创设真实的、多向的语言交流情境，激发幼儿运用语言与他人交流的积极性，促进幼儿语言能力的发展。

学前儿童语言教育既要有侧重训练幼儿发音的活动，也要有重点培养幼儿运用已有经验进行个别和集体交流的活动；既要有让幼儿欣赏文学作品的活动，也要有让幼儿参与表现文学作品的体验表演活动。

说一说： 完整语言教育观的内涵是什么？对学前儿童语言教育提出了什么要求？

二、整合语言教育观

整合语言教育观强调幼儿的语言学习是一个整合的系统。在这个系统中，幼儿语言的发展与情感、态度、认知等方面的发展是整合于一体的。幼儿学习语言的每一点收获，对其他方面的发展都能起到良好的促进作用，反之，其他方面的发展也能促进语言的发展。

（一）学前儿童语言教育目标的整合

整合语言教育首先体现在语言教育目标的整合上。教师在制定学前儿童语言教育目标时，既要考虑语言各组成成分的情感与态度、认知和能力方面的目标，也要考虑在语言教育领域实现与语言相关的其他领域教育的目标，还要考虑哪些语言教育的目标可以在其他领域的教育中实现。这样才能使语言教育目标成为以促进幼儿语言发展为主线，同时促进幼儿其他方面发展的整合目标体系。只有树立整合语言教育目标意识，才能实现语言教育与其他领域教育的整合，促进幼儿的全面发展。

（二）学前儿童语言教育内容的整合

语言作为思维载体，具有丰富的内涵，展现着社会生活和人类自身发展的方方面面。在选择语言教育内容时，教师既要考虑幼儿身心发展的特点，又要兼顾幼儿发展的整体适应性，以满足幼儿多方面发展的需要，使语言教育更加充实，还要充分考虑社会知识、认知知识和语言知识三者的有效整合。教师应尽可能建立领域之间的联系，以语言能力发展为主线，挖掘不同领域的活动内容，通过丰富多样的教育活动形式促进幼儿多种感官的参与，以发挥更大的教育整合作用，帮助幼儿在不同情境、不同性质的活动中发展和增强运用语言的能力。

（三）学前儿童语言教育形式的整合

学前儿童语言教育目标和内容的整合决定了语言教育形式的整合。这种整合的突出特点是以不同的活动形式来建构语言教育的内容，允许多种与幼儿发展有关的符号系统的参与，促使幼儿在外界环境因素的刺激和强化作用下，产生积极的与人、事、物交往的愿望和需要，主动地通过音乐、美术、动作、语言等多种符号手段，获得语言与其他方面共同发展的机会。

说一说： 整合语言教育观的内涵是什么？对学前儿童语言教育提出了什么要求？

三、活动语言教育观

活动语言教育观是指倡导以活动的形式来组织语言教育过程，帮助幼儿学习语言的教育观念。这种教育观强调把教师和幼儿共同参与的活动作为语言教育的基本形式，在活动过程中融合多种促进幼儿发展的因素，引导幼儿在生动、丰富的操作中积极参与、主动探求，成为语言的学习者、加工者和创造者。

（一）为学前儿童提供充分运用语言的机会

幼儿的语言发展是幼儿在运用语言和非语言交际手段与环境互动的过程中逐步进行的。教师应为幼儿提供充分运用语言的机会，引导幼儿积极主动地运用语言与环境互动，促进语言的发展。

（二）通过多种形式的操作促进学前儿童语言发展

教师应以活动的形式设计和组织学前儿童语言教育，引导幼儿在动手、动脑、动口等操作形式的探索中建立与动作表象、形象表征和概念表征等不同学习内容之间的联系，激发学习语言的兴趣，保持愉悦的情绪，亲身体验操作的快乐，更主动、更积极、更持久地投入语言学习活动，掌握语言学习内容。

（三）充分发挥教师在活动中的作用

在活动设计和组织中，教师要充分考虑到幼儿的发展水平和需要，为幼儿提供适合他们发展特点和需要的环境和条件，让幼儿始终保持浓厚的兴趣和主动参与的态度。

教师作为活动的设计者、组织者和引导者，应发挥好引导作用。在活动之前积极创设良好的语言教育环境，提供充足的活动材料，激发幼儿参与活动的积极性；在活动过程中灵活运用多种教学方法，因材施教，恰当地把握参与活动的时机，在对全体幼儿提出统一要求的同时，有针对性地开展个别指导，争取让每个幼儿都能得到发展；在活动结束时及时进行点评总结，并根据幼儿的发展实际和最近发展区提出更新、更高的要求，为其后续发展打下良好的基础。

说一说： 活动语言教育观的内涵是什么？对学前儿童语言教育提出了什么要求？

任务 4

理解学前儿童语言教育目标制定的要求

任务目标

1. 能够从社会的要求、学前儿童语言发展的特点和规律以及语言学科的性质等多个角度，综合理解学前儿童语言教育目标制定的依据。

2. 理解不同层次学前儿童语言教育目标的内容及其要求。

知识链接

学前儿童语言教育目标是学前儿童语言教育任务和要求的总和，是学前儿童语言教育实施的方向和准则。

一、学前儿童语言教育目标制定的依据

学前儿童语言教育目标是根据学前儿童保育与教育的总体要求确定的，它是依据社会的要求、学前儿童语言发展的特点和规律、语言学科自身的性质而制定的，是学前儿童教育总目标在语言教育领域的具体化。

（一）学前儿童语言教育目标的制定必须以社会的要求为依据

人总是生活在特定的社会环境中，而教育作为社会实践活动也必然受到一定社会文化背景的制约。每个社会都有对其社会成员的基本要求，这一要求必然反映在对人的教育中。因此，我们不能脱离一定的社会要求制定学前儿童语言教育的目标。

1. 学前儿童语言教育目标应该反映我国社会当前的价值取向

一方面，马克思主义关于人的全面发展的教育思想使我们充分认识到语言学习在幼儿全面发展中的重要作用；另一方面，中华民族几千年的优秀传统文化需要我们从学前阶段就开始传承，而通过语言教育来传承优秀传统文化无疑是一条重要的途径。

2. 学前儿童语言教育目标应该适应社会生产力发展对人才培养的基本要求

近年来，我国的科学技术和生产力快速发展，对人才的培养也提出了更高要求。人才不仅要掌握现代科学技术，具备良好的品德和心理素质，还需要具备良好的交往能力、合作意识和创新能力等。学前儿童语言教育应体现社会生产力发展对人才培养的要求，在增强幼儿语言能力的同时，促进幼儿综合素养的发展。

3. 学前儿童语言教育目标应该适应未来社会的发展

学前儿童语言教育目标除了要契合学前儿童自身发展的需要外，还应顺应未来社会的发展趋

势及其对人才的要求，具有一定的针对性和前瞻性。

（二）学前儿童语言教育目标的制定必须以学前儿童语言发展的特点和规律为依据

学前儿童语言教育目标的制定应充分考虑到学前儿童的身心发展规律。尤其是学前儿童语言发展的特点和规律，是学前儿童语言教育目标制定的重要依据之一。

1. 学前儿童语言教育目标的制定要考虑幼儿语言发展与其他方面发展之间的联系

幼儿的发展是整体的发展，包括身体、情感、认知、社会、品德等多个方面。每个方面的发展都不是孤立的，而是相互影响、相互促进的。教师在进行学前儿童语言教育过程中，除了要关注幼儿语言方面的发展，还应兼顾幼儿其他方面的发展，所提出的教育目标应该是全面的、综合性的，满足情感、态度、认知、能力等多方面的教育要求。

2. 学前儿童语言教育目标的制定要考虑幼儿发展的年龄特点和个体差异

幼儿的认知与成人的认知有着质的差别，而且不同年龄阶段的幼儿认知结构也不完全一样。每个年龄阶段的幼儿都有其独特的认知结构，表现出前后阶段不同的认知能力。不仅如此，同一年龄阶段的幼儿由于遗传因素、生活条件、早期学习经验等方面不同，在发展水平、发展速度、认知结构和学习风格等方面都存在着一定的差异。因此，在制定学前儿童语言教育目标时，教师要综合考虑各种因素，针对幼儿的不同年龄阶段、不同发展水平和个体差异制定出合适的语言教育目标，以促进其获得更好的发展。

拓展阅读

学前儿童语言发展的基本特征

学前儿童语言的发展是随着神经系统的成熟和思维水平的提高，在个体运用语言与人交往的过程中逐步实现的，既受年龄因素的制约，又存在明显的个体差异。神经系统的发育、发音器官的调节控制、听觉器官的辨别等是影响学前儿童语言发展的主要因素。

一、幼儿前期语言的发展（1~3 岁）

1~1.5 岁幼儿处于单词句阶段，基本是以词代句，一般能说几十个词；1.5~2 岁幼儿处于多词句阶段，语言呈现电报式特征；2~3 岁幼儿处于简单句阶段，能说出有简单主谓结构的句子。

二、幼儿期语言的发展（3~6 岁）

这一时期，幼儿的语言日渐丰富，口头语言迅速发展，书面语言发展具有了可能性。

3~4 岁幼儿由于神经系统还不够完善，发音器官和听觉器官的调节控制能力和辨别能力较差，所以有些发音不够准确和清晰，“g、d、zh、ch、sh、z、c、s、j、q、x、l” 等音发不准。

4~5 岁幼儿基本能够发清楚大部分的语音，已能听懂日常一般句子和一段话的意思，所掌握的词汇的数量和种类迅速增加。在使用简单句的基础上，语言逐渐连贯。

5~6 岁幼儿经过正确的教育，能够清楚地发出母语的全部语音，并能听懂更多较为复杂的句子，理解一段话的意思。能够掌握表示转折、假设关系的关联词，掌握表示类概念的词；能用语言描述事物发展的顺序，并会有意识地组织句子，表达时能运用各种语气。

（三）学前儿童语言教育目标的制定必须以语言学科自身的性质为依据

工具性和文化性是语言的特点。一方面，语言是人类思维和交际的工具；另一方面，语言承载了一定的思想和文化，具有文化性的一面。交际使语言的工具性与文化性有机地融合在了一起。语言既是幼儿学习的对象，又是幼儿学习其他知识的工具。

在制定学前儿童语言教育目标时，教师必须充分考虑语言学科的性质及其对幼儿发展的教育功能和价值，尊重学前儿童语言学习的特点，体现语言教育的完整性和综合性。除了语言知识、技能的学习外，还应关注幼儿情感、态度、习惯及文化意识等多方面的发展，把语言学科的逻辑性和幼儿学习语言的心理顺序有机地结合起来，制定符合幼儿语言发展与学习规律和语言学科性质的目标。

议一议： “既然是学前儿童语言教育的目标，那这个目标就应该以学前儿童语言发展的特点和规律为依据，而不应该拘泥于社会的要求以及语言学科的性质。”你认为这个观点正确吗？为什么？

二、学前儿童语言教育目标的层次

学前儿童语言教育目标一般可以分解为总目标、年龄段目标和活动目标三个层次。

（一）学前儿童语言教育的总目标

学前儿童语言教育的总目标，有时也称为学前儿童语言教育的终极目标，属于第一层次的目标。它是学前儿童语言教育总的任务要求和最终期待的结果，是学前教育总目标的重要组成部分，且与学前教育总目标在方向上是一致的、相辅相成的。

2001 年，教育部颁布了《幼儿园教育指导纲要（试行）》（以下简称《纲要》），明确了学前儿童语言教育总的目标、内容与要求及指导要点。这些目标和要求在一定程度上反映了国际范围内有关学前儿童语言发展和语言教育研究的成果，也体现了我国学前儿童语言教育改革与发展的趋势。

《纲要》强调了幼儿的“语言能力是在运用的过程中发展起来的”，明确了学前儿童语言教育的目标是“乐意与人交谈，讲话礼貌；注意倾听对方讲话，能理解日常用语；能清楚地说出自己想说的事；喜欢听故事、看图书；能听懂和会说普通话”。这样的目标强调语言教育过程中语言的交际功能，重视学前儿童在使用语言的过程中学习语言。

不仅如此，《纲要》还明确地把早期阅读方面的要求纳入学前儿童语言教育的内容与要求中，提出要“培养幼儿对生活中常见的简单标记和文字符号的兴趣；利用图书、绘画和其他多种方式，引发幼儿对书籍、阅读和书写的兴趣，培养阅读和前书写技能”，体现了重视学前儿童早期阅读的语言教育发展趋向。

拓展阅读

《幼儿园教育指导纲要（试行）》中
学前儿童语言教育的目标、内容与要求及指导要点

（一）目标

1. 乐意与人交谈，讲话礼貌。

2. 注意倾听对方讲话，能理解日常用语。

3. 能清楚地说出自己想说的事。

4. 喜欢听故事、看图书。

5. 能听懂和会说普通话。

（二）内容与要求

1. 创造一个自由、宽松的语言交往环境，支持、鼓励、吸引幼儿与教师、同伴或其他人交谈，体验语言交流的乐趣，学习使用适当的、礼貌的语言交往。

2. 养成幼儿注意倾听的习惯，发展语言理解能力。

3. 鼓励幼儿大胆、清楚地表达自己的想法和感受，尝试说明、描述简单的事物或过程，发展语言表达能力和思维能力。

4. 引导幼儿接触优秀的儿童文学作品，使之感受语言的丰富和优美，并通过多种活动帮助幼儿加深对作品的体验和理解。

5. 培养幼儿对生活中常见的简单标记和文字符号的兴趣。

6. 利用图书、绘画和其他多种方式，引发幼儿对书籍、阅读和书写的兴趣，培养前阅读和前书写技能。

7. 提供普通话的语言环境，帮助幼儿熟悉、听懂并学说普通话。少数民族地区还应帮助幼儿学习本民族语言。

（三）指导要点

1. 语言能力是在运用的过程中发展起来的，发展幼儿语言的关键是创设一个能使他们想说、敢说、喜欢说、有机会说并能得到积极应答的环境。

2. 幼儿语言的发展与其情感、经验、思维、社会交往能力等其他方面的发展密切相关，因此，发展幼儿语言的重要途径是通过互相渗透的各领域的教育，在丰富多彩的活动中去扩展幼儿的经验，提供促进语言发展的条件。

3. 幼儿的语言学习具有个别化的特点，教师与幼儿的个别交流、幼儿之间的自由交谈等，对幼儿语言发展具有特殊意义。

4. 对有语言障碍的儿童要给予特别关注，要与家长和有关方面密切配合，积极地帮助他们提高语言能力。

说一说： 《纲要》规定的学前儿童语言教育目标包含了哪些方面的内容？你是怎样理解的？

（二）学前儿童语言教育的年龄段目标

学前儿童语言教育的年龄段目标属于第二层次的目标，它是学前儿童语言教育总目标在各年龄段上的具体体现，也是对学前阶段各年龄段幼儿语言发展的具体要求。在整个学前教育阶段，幼儿的语言发展表现为一个连续的过程。每一阶段幼儿的语言发展都有其相应的特点。因此，学前儿童语言教育总目标中的内容在不同年龄的学前儿童身上应当有不同的体现。

将学前儿童语言教育总目标分解为年龄段目标，在每一年龄段目标中，对幼儿掌握知识、获得能力提出明确的要求，可以为每一年龄段的幼儿的语言发展规定具体的方向，引导幼儿在原有语言发展水平的基础上进一步提升到一个新的高度。

2012 年，教育部颁布《3—6 岁儿童学习与发展指南》（以下简称《指南》），提出了各领域的目标及各目标下的各年龄段典型表现。语言领域主要有“倾听与表达”和“阅读与书写准备”两个子领域，每个子领域各有三个目标，分别对应着 3~4 岁、4~5 岁、5~6 岁三个年龄段幼儿在语言学习与发展方面应该具有的经验。

各年龄段典型表现选择了某一年龄段幼儿在目标方面的一般发展特征或行为表现，是大多数幼儿可能普遍表现出来的、容易被观察到的特征，可以说反映了这一年龄段幼儿群体大致的语言学习与发展水平、行为特点等。因此，它可以作为观察幼儿、理解幼儿语言学习与发展状况的抓手，作为促进幼儿向着目标方向学习与发展的参照。

但需要注意的是，各年龄段典型表现不宜视为这一年龄段的每一个幼儿必然表现出的发展特点。一般性、普遍性不能排除个别性、特殊性。各年龄段幼儿的表现因为地域、家庭和社会环境以及个人身心条件、气质性格等方面的差异而不尽相同。因此，当幼儿行为特点或能力表现与《指南》中的描述不完全一致时，教育者绝不能简单地、轻率地对幼儿发展是否达成目标做出判断，应进一步细致地观察幼儿的表现，深入地了解幼儿的特点，看看其是否有其他个性化表现。如果幼儿有自己的特点，就应当尊重个别差异，对幼儿的特点给予充分的肯定与重视。

另外，对于那些表现符合甚至超越了各年龄段典型表现的幼儿，教育者不能简单地认为他们已经达标就不再关心他们。相反地，仍然需要深入地了解他们，进一步发现他们在某些领域或某些目标上的发展长项、特点等，创造条件促进他们向更高的水平发展。

《指南》的目标不是标准，而是方向的指引；各年龄段典型表现不是目标的分化和细化，不是测试幼儿是否达标的标尺，而是对每一个幼儿学习与发展方向的具体期望，能帮助教师与家长更好地理解目标，更好地观察、了解和教育引导幼儿。

拓展阅读

《3—6岁儿童学习与发展指南》中学前儿童语言学习与发展的年龄段目标

（一）倾听与表达

目标1　认真听并能听懂常用语言

3~4岁	4~5岁	5~6岁
1. 别人对自己说话时能注意听并做出回应 2. 能听懂日常会话	1. 在群体中能有意识地听与自己有关的信息 2. 能结合情境感受到不同语气、语调所表达的不同意思 3. 方言地区和少数民族幼儿能基本听懂普通话	1. 在集体中能注意听老师或其他人讲话 2. 听不懂或有疑问时能主动提问 3. 能结合情境理解一些表示因果、假设等相对复杂的句子

目标2　愿意讲话并能清楚地表达

3~4岁	4~5岁	5~6岁
1. 愿意在熟悉的人面前说话，能大方地与人打招呼 2. 基本会说本民族或本地区的语言 3. 愿意表达自己的需要和想法，必要时能配以手势动作 4. 能口齿清楚地说儿歌、童谣或复述简短的故事	1. 愿意与他人交谈，喜欢谈论自己感兴趣的话题 2. 会说本民族或本地区的语言，基本会说普通话。少数民族聚居地区幼儿会用普通话进行日常会话 3. 能基本完整地讲述自己的所见所闻和经历的事情 4. 讲述比较连贯	1. 愿意与他人讨论问题，敢在众人面前说话 2. 会说本民族或本地区的语言和普通话，发音正确清晰。少数民族聚居地区幼儿基本会说普通话 3. 能有序、连贯、清楚地讲述一件事情 4. 讲述时能使用常见的形容词、同义词等，语言比较生动

目标3　具有文明的语言习惯

3~4岁	4~5岁	5~6岁
1. 与别人讲话时知道眼睛要看着对方 2. 说话自然，声音大小适中 3. 能在成人的提醒下使用恰当的礼貌用语	1. 别人对自己讲话时能回应 2. 能根据场合调节自己说话声音的大小 3. 能主动使用礼貌用语，不说脏话、粗话	1. 别人讲话时能积极主动地回应 2. 能根据谈话对象和需要，调整说话的语气 3. 懂得按次序轮流讲话，不随意打断别人 4. 能依据所处情境使用恰当的语言。如在别人难过时会用恰当的语言表示安慰

（二）阅读与书写准备

目标 1　喜欢听故事，看图书

3~4 岁	4~5 岁	5~6 岁
1. 主动要求成人讲故事、读图书 2. 喜欢跟读韵律感强的儿歌、童谣 3. 爱护图书，不乱撕、乱扔	1. 反复看自己喜欢的图书 2. 喜欢把听过的故事或看过的图书讲给别人听 3. 对生活中常见的标识、符号感兴趣，知道它们表示一定的意义	1. 专注地阅读图书 2. 喜欢与他人一起谈论图书和故事的有关内容 3. 对图书和生活情境中的文字符号感兴趣，知道文字表示一定的意义

目标 2　具有初步的阅读理解能力

3~4 岁	4~5 岁	5~6 岁
1. 能听懂短小的儿歌或故事 2. 会看画面，能根据画面说出图中有什么，发生了什么事等 3. 能理解图书上的文字是和画面对应的，是用来表达画面意义的	1. 能大体讲出所听故事的主要内容 2. 能根据连续画面提供的信息，大致说出故事的情节 3. 能随着作品的展开产生喜悦、担忧等相应的情绪反应，体会作品所表达的情绪情感	1. 能说出所阅读的幼儿文学作品的主要内容 2. 能根据故事的部分情节或图书画面的线索猜想故事情节的发展，或续编、创编故事 3. 对看过的图书、听过的故事能说出自己的看法 4. 能初步感受文学语言的美

目标 3　具有书面表达的愿望和初步的技能

3~4 岁	4~5 岁	5~6 岁
喜欢用涂涂画画表达一定的意思	1. 愿意用图画和符号表达自己的愿望和想法 2. 在成人提醒下，写写画画时姿势正确	1. 愿意用图画或符号表现事物或故事 2. 会正确书写自己的名字 3. 写画时姿势正确

说一说：《指南》是从哪两个方面来表述学前儿童语言教育的目标的？在不同的年龄段有什么不同的要求？

（三）学前儿童语言教育的活动目标

学前儿童语言教育的总目标和年龄段目标一般由专门的机构制定，具有一定的方向性和规定性；而学前儿童语言教育的活动目标一般由教师制定，指的是某一具体的语言教育活动要达到的目标。学前儿童语言教育的活动目标属于第三层次的目标，是对学前儿童语言教育总目标和年龄段目标的细化和分解，具有较强的操作性。每一次具体的活动目标的实现都意味着向完成年龄段目标和总目标迈进了一步。

制定学前儿童语言教育的活动目标要把握好各个层次目标的内涵以及相互间的关系，将高层次目标逐步转化为低层次的目标。

1. 学前儿童语言教育活动目标的指向应着眼于幼儿的语言发展

学前儿童语言教育活动目标要适应幼儿语言发展的已有水平，符合幼儿语言发展的规律。同时，还应将促进幼儿语言的发展作为落脚点，将掌握语言内容、语言形式和语言技能作为主要的任务。否则，语言教育活动可能会偏离应有的方向，异化为其他领域教育的活动。

2. 学前儿童语言教育活动目标的维度应包含情感与态度、认知和能力三个方面

制定学前儿童语言教育活动目标，第一要考虑对幼儿情感与态度方面（包括在谈话活动中积极认真的态度、倾听与表达的兴趣、良好习惯以及交往规则意识等）的培养；第二要考虑对幼儿认知方面（包括在口语表达中丰富词汇量、正确使用常用的词句语法清楚地进行表述、准确理解谈话主题等）的发展；第三要考虑对幼儿语言能力（包括正确倾听和理解他人语言的能力，根据不同语境恰当运用词汇、语法和语调，清楚正确地进行口头语言表达的能力等）的培养。

3. 学前儿童语言教育活动目标的表述应具体明确，便于操作

学前儿童语言教育活动目标应该易于为他人所理解和接受，便于操作，便于评价幼儿的学习结果。因此，目标应该具体、明确、可操作性强，突出重点，符合幼儿的经验水平，避免过于笼统、概括和抽象或脱离幼儿实际。而且，目标的表述应尽量以幼儿为主体，体现幼儿在语言学习中的主体性。

案例

小班语言游戏活动：洞洞歌[①]

【设计意图】

小班幼儿对各种各样的洞非常好奇，在日常生活中见到洞总是忍不住去抠一抠。那些洞仿佛有种神奇的磁力，吸引着他们。《洞洞歌》这首儿歌最有趣的地方在于，同样是洞，一个洞里躲着一只大黑熊，另一个洞里钻出一只毛毛虫。大黑熊和毛毛虫，两者在体型、个性特点上的强烈对比，让这首儿歌充满戏剧效果。而“尖尖的”“圆圆（的）”“小小（的）”这样的词汇，既符合小班幼儿的经验，便于他们理解，又便于他们用手指或身体去表现。因此，我们围绕这则儿歌，组织了身体游戏活动。考虑到小班幼儿的年龄特点，本活动分两个课时来进行，第一个课时以感受为主，第二个课时以表现为主。

活动一

【活动目标】

1. 欣赏儿歌，体会儿歌的节奏感和内容的戏剧化。

2. 理解“尖尖的”“圆圆（的）”“小小（的）”“躲”“钻”等词语的意思，并尝试用动作去表现。

【活动准备】

《洞洞歌》相关图片。

【活动过程】

一、诵读示范，感知儿歌

教师逐句慢速诵读儿歌，在诵读到“洞里头，躲着”时，放慢语速，适度停顿，以营造

① 杜玉珍. 洞洞歌［J］. 东方宝宝（保育与教育），2014（12）：31-32.（有改动）

悬念，然后大声说出“一只大黑熊”。同样，当诵读到第二小节“洞外头，钻出”时，也要放慢语速，读完停顿更长时间，用探寻的眼神望向幼儿，示意他们加以猜想，然后揭晓答案：“一只毛毛虫”。

二、观察图片，诵读儿歌

教师出示图片，再次慢速诵读儿歌，引导幼儿一边观察画面中的高山、洞、大黑熊、毛毛虫，一边跟读儿歌。

当诵读到形容词时，教师可特地指向该词语所描述的对象，用手进行比画，这样可以让幼儿的注意力集中到这个对象上，有助于他们理解词语的含义。

三、师幼齐诵，整体把握

在图片的提示下，幼儿跟随教师一起诵读儿歌。等幼儿熟悉儿歌内容之后，师幼以接念的方式有感情地诵读儿歌，教师念前半句，幼儿念后半句。在诵读过程中，教师不需要限制节奏和表情，可鼓励幼儿使用多种表情和动作去表达自己的理解，比如用手指或身体动作辅助。

活动二

【活动目标】

1. 学习用身体动作表达儿歌内容。

2. 大胆表演，体验游戏带来的快乐。

【活动准备】

幼儿熟悉儿歌内容，会玩手指游戏“钻洞洞”“大水桶”。

【活动过程】

一、学习游戏，把握动作

教师带领幼儿一起玩手指游戏，丰富幼儿用身体动作表现儿歌的经验。

1. 手指游戏：钻洞洞。

指、指、指洞洞（一只手握成空心拳，另一只手食指有节奏地指着空心拳）。

画、画、画虫虫（另一只手伸出食指绕圈圈，当说到“虫虫”时食指上下弯曲）。

大虫出来钻洞洞（用食指伸进空心拳）。

2. 手指游戏：大水桶。

手上有个大水桶（左手掌弯曲成桶状）。

桶上有个盖，盖上有个孔（右手平盖在“桶”上，食指与中指稍分开）。

让我看看有什么（用眼睛看缝）。

原来躲着毛毛虫（左手食指穿过指缝，做蠕动状）。

二、回顾儿歌，表演动作

1. 教师带领幼儿回忆儿歌《洞洞歌》。

2. 引导幼儿用身体动作表现儿歌内容。

师：你最喜欢儿歌里的哪一句？你能不能用身体的动作来表现这一句呢？

幼儿自主尝试用身体动作表达儿歌内容。在此过程中，教师不需要规定具体的动作，鼓励幼儿自由创编。

3. 幼儿分组进行诵读和表演。

教师让幼儿两两分组，一个诵读，一个用身体动作表现儿歌，之后交换继续。还可以让所有幼儿围成一个圆圈，集体诵读儿歌，幼儿轮流站到圆圈中心去表演。

在诵读和表演过程中，教师可以借助语气上的轻重变化，重点引导幼儿表现大黑熊和毛毛虫的情绪变化和相应的动作力度。

三、歌戏互补，感受快乐

教师可提取幼儿创编的身体动作，带领幼儿边念儿歌边完整地表演儿歌。还可以把该儿歌表演作为晨间操的一部分，让班级幼儿表演给全园的其他小朋友看。

《洞洞歌》及推荐动作

尖尖的高山上（伸直双臂，双手在头上做出尖塔状），
圆圆一个洞（双臂弯成一个圆），
洞里头，躲着（身体蜷曲并蹲下）
一只大黑熊（张牙舞爪跳起来）。
绿绿的树叶上（双手合掌平放），
小小一个洞（将食指与中指分开），
洞外头，钻出（其中一根手指从指缝钻出来），
一只毛毛虫（食指在手背上爬）。

议一议： 认真阅读案例“小班语言游戏活动：洞洞歌”，结合其目标表述，谈谈你对学前儿童语言教育活动目标表述要求的理解。

任务 5

了解学前儿童语言教育的主要途径

任务目标

1. 能说出学前儿童语言教育有哪些主要途径。
2. 理解专门的语言教育活动的内涵、特点及不同的类型。
3. 理解日常生活中的语言教育活动的内涵、特点及不同的作用。
4. 理解渗透在不同领域中的语言教育活动的特点。

知识链接

语言能力是在语言运用的过程中发展起来的，并且语言的发展与情感、经验、思维、社会交往能力等其他方面的发展密切相关，因此学前儿童语言教育应为幼儿创造积极的环境，在丰富多彩的活动中扩展幼儿的经验，为幼儿提供促进语言发展的条件。学前儿童语言教育可以通过多种途径进行。凡是有语言参与的活动都能用来对幼儿进行语言教育。概括起来，学前儿童语言教育的主要途径有专门的语言教育活动、日常生活中的语言教育活动、渗透在其他领域中的语言教育活动。

一、专门的语言教育活动

专门的语言教育活动是教师根据学前儿童语言教育的总目标，有目的、有计划地设计和组织幼儿系统学习语言的教育活动。它为幼儿提供用语言进行充分互动的环境，引导幼儿将日常生活中获得的零散的、琐碎的、不系统的语言经验进行整理和深化，逐渐达成对语言规则的准确理解和有意识的运用的目标。

（一）专门的语言教育活动的特点

与日常生活中的语言教育相比，专门的语言教育活动具有更为明确的指向性、计划性和组织性，它根据学前儿童语言教育的总目标设计，有明确的语言学习要求，并围绕活动目标选择内容和方法。在活动中，教师始终注意幼儿已有的语言经验，并在此基础上为幼儿提供新的语言经验，引导幼儿通过学习，将新的语言经验融入自身已有的语言经验，由此循序渐进，促进幼儿语言素养的不断提升。

（二）专门的语言教育活动的类型

根据目标、内容和活动方式的差异，专门的语言教育活动可以分为以下几个类型。

1. 学前儿童谈话活动

学前儿童谈话活动是创设一定的口语交往情境，根据幼儿的已有知识经验，围绕一定的主题，在教师的组织下通过幼儿与教师以及幼儿之间相互交流自己的想法和情感，促进幼儿口头语言表达能力和理解能力发展的一种教育形式。

2. 学前儿童讲述活动

学前儿童讲述活动是借助实物、图片、情境以及幼儿的生活经验等，引导幼儿完整表达自己的所见、所闻、所思、所想，学习表达的方法和技巧，促进独白语言能力发展的一种教育形式。

3. 学前儿童文学活动

学前儿童文学活动是为幼儿创设全面学习语言的机会，从某一具体的儿童文学作品入手，引导幼儿理解作品内容，体会作品的思想感情，学习作品语言，培养对文学作品的兴趣，学习欣赏文学作品，促进想象力和创造性运用语言能力发展的一种教育形式。

4. 学前儿童早期阅读活动

学前儿童早期阅读活动是为幼儿创设学习书面语言的环境，引导幼儿阅读图书、画册，培养阅读兴趣，初步理解书面语言，培养对文学的感知能力，为他们下一步学习书面语言打基础的一种教育形式。

5. 学前儿童听说游戏活动

学前儿童听说游戏活动是引导幼儿在一定的游戏情境中，按照一定的游戏规则练习口头语言，在游戏过程中，增强口语交际、倾听和表达能力的一种教育形式。

6. 学前儿童语言区角活动

学前儿童语言区角活动是围绕学前儿童语言教育活动目标，结合主题活动内容，有意识、有计划、有目的地投放相应的语言学习材料，营造自由宽松的语言交往环境，启发和引导幼儿通过自由操作和自由交谈、自主阅读和讲述、自发朗诵和表演等，在交流和运用的过程中发展语言能力的一种教育形式。

以上不同类型的专门语言教育活动，其教育的具体目的和形式各不相同，在幼儿语言学习与发展过程中发挥着各自的作用。

说一说： 什么是专门的语言教育活动？专门的语言教育活动有什么特点？有哪些不同的类型？

二、日常生活中的语言教育活动

日常生活中的语言教育活动是教师充分利用日常生活的各个环节以及幼儿园教学活动的间隙，给幼儿创设自由宽松的语言交谈环境，支持和帮助幼儿与成人或同伴积极交谈，发展幼儿语言表达能力的一种教育形式。

从学前儿童语言学习的角度来看，日常生活为幼儿提供了大量的语言学习机会，可以帮助幼儿学习在不同场合下恰当运用语言形式进行交流。同时，这种学习又将社会文化习俗的学习与语言学习相结合，为幼儿的语言活动积累丰富的素材。

幼儿每天都要进行进餐、睡觉、散步、玩耍、盥洗、如厕、饮水等活动，这些可以说是幼儿不可或缺的日常生活内容。在这些活动中，幼儿总是有意无意地与教师、同伴及家长进行着语言交往。有时幼儿需要听从教师的指令，如洗手前要卷起袖子、擦肥皂，洗完后要用毛巾把手擦干等；有时幼儿会向教师或家长提出请求，如“我要喝水”“我要出去玩”等；有时幼儿会与同伴进行自由交谈，或向别人讲述自己的见闻，或回答别人的提问，或与同伴商量完成某个任务等。这些语言学习活动都是在日常生活中进行的，为教师指导幼儿的语言学习提供了丰富的机会。

（一）日常生活中的语言教育活动的特点

日常生活中的语言教育活动是在自然的情境下进行的，与其他语言教育活动相比有自身的独特之处。

1. 日常生活中的语言教育活动重视学习的过程

日常生活中的语言教育活动没有统一的教育要求和内容，目的在于让幼儿敢说、愿意说、喜欢说。教师要为幼儿创造宽松自由的语言环境，关注幼儿语言学习的过程，锻炼其听、说和读的基本技能，让幼儿在不知不觉中获得各种各样的语言知识和经验。

2. 日常生活中的语言教育活动比较自由

日常生活中的语言教育活动有很大的自由度：幼儿可以参加，也可以不参加；活动的时间可长可短，没有严格的规定；活动的内容没有固定的要求，活动的形式也灵活多样。

3. 日常生活中的语言教育活动体现了教育的个性化

日常生活中的语言教育活动对幼儿语言学习没有过高的要求，形式也比较自由。教师可以根据每个幼儿的特点确定活动的内容和活动的时间，有针对性地对幼儿进行教育引导，体现教育的个性化。

（二）日常生活中的语言教育活动的作用

1. 日常生活中的语言教育活动可以更好地反映幼儿语言发展的现状

在日常生活的自然状态下，幼儿处于自由宽松的环境氛围中，往往能非常真实地表现出语言交际的实际水平以及语言表达的态度和行为习惯。教师只要稍加留意，就能了解幼儿的语言发展状况，进而开展有针对性的语言教育。

2. 日常生活中的语言教育活动可以为幼儿提供丰富的语言示范

幼儿在日常生活中要接触各种各样的事物，如各种生活用品、食物、动植物、交通工具等，以及游戏、购物、观看演出等各种生活事项。成人可以利用各种机会对幼儿进行语言教育，向幼儿介绍各种事物，让幼儿了解它们的名称、形状、颜色、用途、使用方法等；向幼儿介绍各种生活常识，如在就餐时，向幼儿介绍当日食物的名称、色香味、营养价值等。这些不仅可以让幼儿了解相关的生活知识，还可以让幼儿学会大量的词汇和正确的语言表达方式。经过日积月累，幼儿就会在大量的语言示范和运用中，积累丰富的语言素材和语言运用经验，不断发展自己的语言能力。

3. 日常生活中的语言教育活动可以增强幼儿理解语言并按指令行动的能力

在通常情况下，教师总是通过语言指令来组织幼儿日常活动。例如：临近用餐时间，要求幼儿收拾玩具、盥洗，然后安静地进餐；临近午睡时间，要求幼儿洗漱、如厕、脱鞋、脱衣服等。为了使幼儿明确这些语言指令的含义，教师最初还应把这些指令与相应的行动结合起来。例如，教师打算让幼儿排好队有次序地拿茶杯喝水，开始时可以先提出要求，如“我叫到谁的名字，谁就到柜子里拿自己的水杯”，让幼儿明白一个一个地排队就是“有次序”，以后幼儿就会慢慢养成一个一个地取水杯的习惯。对幼儿发出指令时，教师要根据具体的要求选择适当的用语和讲话方式。如果要求幼儿必须做到某件事，如收拾玩具、跟着教师的口令做动作等，教师就要用明确的指令性语言："请小朋友们赶快把玩具收拾好，放到玩具架上，我们一起出去做早操。"如果不采用指令性语言，用商量或求助的语气，如"哪个小朋友来帮助老师收拾玩具?"或是"我们把玩具收起来，然后出去做早操好吗?"，则有可能让一些幼儿以为收玩具不是集体行为，而是个别行为，从而影响整理玩具的进程。但是，如果教师以指令性的语言让幼儿做一些他们并不一定要做的事情，如"起来，让我坐坐""把那本书递给我"，则很容易让幼儿养成被动服从的习惯，或产生抵触情绪，影响良好师幼关系的建立。

总之，在日常生活中，教师要抓住与幼儿交往的有利时机，为幼儿提供良好的语言示范，并观察和了解幼儿的语言发展状况，给幼儿有针对性的指导。

说一说：

什么是日常生活中的语言教育活动？日常生活中的语言教育活动有什么特点和作用？

三、渗透在其他领域中的语言教育活动

语言是幼儿与周围环境交流的重要工具，其他领域中的语言教育活动能为学前儿童语言教育提供丰富多样的素材和机会。学前儿童语言教育不是语言教师一个人的任务，也不是只在进行语言领域活动时才应该受到关注，它应该是全体教师共同的责任。

（一）科学教育活动中渗透语言教育

科学教育向幼儿打开了一扇通向奇妙的科学世界的大门。一个个有趣的科学现象大大地激发了幼儿强烈的好奇心和探究意识。在科学教育活动中，教师可以鼓励幼儿积极思考、大胆提问、大胆猜想、大胆探索，在探索和发现的过程中发展语言能力和思维能力。科学教育活动中的语言行为主要表现在描述和讨论两个方面。描述指的是幼儿在教师的指导下，用语言向同伴和成人讲述自己在科学探索中的疑问和发现等。讨论是指幼儿与同伴、教师探讨自己的发现、想法和困惑。幼儿在描述和讨论过程中，可以提出自己的想法和观点，交流自己探索的方法、过程、结果以及自己的情绪体验。例如，幼儿在探索磁铁的奥秘时，会发现同性相斥、异性相吸的现象，但他们并不会概括其原理概念，而是会用自己的语言将看到的现象描述出来。在此基础上，教师再进行归纳，告诉他们同性相斥、异性相吸的原理。这样一来，幼儿既锻炼了语言表达能力，也掌握了科学知识。

在科学教育活动中，教师要给予幼儿充分描述和讨论的机会，鼓励幼儿使用简单明确的语言表达、描述有关的科学发现。教师要引导幼儿仔细观察事物和现象，适时丰富幼儿的词汇，逐步培养幼儿运用完整、连贯、通顺的语言进行表达的能力，在提高科学教育的质量的同时促进幼儿语言能力的发展。

（二）社会教育活动中渗透语言教育

社会教育活动大多是幼儿能够接触的，且能够从生活中获取经验的活动。社会教育的目的是

促进幼儿社会认知、社会情感和社会行为等方面的健康发展，而认知的体现、情感的表达在很大程度上都需要通过语言来实现。

例如，在开展以“我爱妈妈”为主题的社会教育活动时，教师要引导幼儿大胆表达对妈妈的感情，体会妈妈对自己的爱，除了用实际行动体现“爱妈妈”，还要学会与其他小朋友分享，而这个分享的过程也是进行语言实践的过程。

（三）艺术教育活动中渗透语言教育

艺术教育活动着重培养幼儿对美的感受、欣赏和表现能力，同时也鼓励幼儿将自己所体会到的情感表达出来。例如：在进行音乐欣赏活动时，教师可要求幼儿在欣赏完一段音乐后大胆展开想象，想象这段音乐所表达的场景、人物与情节等，并将想象转化为语言表达。在歌唱活动中，教师可以引导幼儿对歌词进行改编或拓展，这不仅能增强幼儿的音乐欣赏能力，也能增强幼儿的思维及语言表达的能力。

（四）健康教育活动中渗透语言教育

健康教育虽以促进幼儿身心健康发展为重点，但也可以渗透语言教育。如在体育活动中，教师可以安排幼儿讲解做某一个动作的要领，或让幼儿互相帮助去学习一个新的动作。在互相帮助的过程中，幼儿之间的交流有助于发展他们的语言能力。

应该注意的是，其他领域教育活动有其独特的存在价值，在促进幼儿身心发展方面有着不可替代的作用。我们不能因为强调语言教育而忽视其他领域教育的价值。我们既要看到其他领域教育中蕴含的丰富的语言教育机会，又要看到语言教育与其他领域教育之间的相互关系，学习运用语言教育帮助幼儿掌握不同领域的知识，真正促进幼儿的全面发展。

拓展阅读

关注幼儿语言学习的特点，采用符合学前教育规律的方式组织活动①

《指南》指出：“幼儿的语言学习需要相应的社会经验支持，应通过多种活动扩展幼儿的生活经验，丰富语言的内容，增强理解和表达能力。”幼儿阶段的语言学习活动，首先应是早期教育活动，具有符合学前儿童学习规律的三个基本特征。

1. 在活动中学习语言。组织幼儿语言学习活动的核心概念是，除了营造和谐融洽的师幼互动环境，让幼儿在轻松、愉快的氛围中学习交流，还需要考虑采用灵活多变的教学方法，激发幼儿运用语言进行交往的兴趣，让幼儿以愉快的心境在活动中学习，在学习中活动，从而达到积极主动、卓有效率的学习效果。

2. 在游戏中学习语言。幼儿在游戏中可以更好地理解学习内容。根据幼儿的年龄特点，教师应设计丰富多样的语言游戏，帮助幼儿建立个人经验与所学内容之间的联系，通过游戏激发幼儿在早期阅读和读写方面的学习动机，使他们不断获得学习的快乐，加深对学习内容的理解。

3. 在创造中学习语言。宽松的语言学习环境是愉快的，是积极互动的，也是富含语言创造机会的。在创造中学习语言，要求给幼儿提供质疑的机会，鼓励他们大胆思考和表达想法；在创造

① 李季湄，冯晓霞．《3—6 岁儿童学习与发展指南》解读［M］. 北京：人民教育出版社，2013：84.（有改动）

中学习语言，要求鼓励幼儿大胆想象，在学习诗歌时仿编诗句，在理解故事之后想象并表达故事结尾，在阅读图书之后绘制自己的小书；在创造中学习语言，还要求允许幼儿表达不同于别人的意见，并且坚持观点，尝试说出己见。在创造中学习语言将贯穿和融合在教育过程的一切活动中。

说一说：

为什么要在其他领域中渗透语言教育活动？试举例说明语言教育如何渗透在其他领域活动中。

任务 6 了解学前儿童语言教育的常用方法

任务目标

理解几种学前儿童语言教育的常用方法的内涵及其要求。

知识链接

学前儿童语言教育的方法是指教育者为了引导学前儿童发展语言并获得语言知识和技能而使用的方法。

一、视、听、讲、做结合法

视、听、讲、做结合法是根据幼儿学习的特殊性提出的。所谓“视”，是指教师为幼儿提供直观具体的材料，让幼儿充分观察，获得对语言材料的感知，从而促进幼儿对语言的理解。所谓“听”，是指教师运用语言对幼儿进行描述、示范和启发，引导并组织幼儿讨论交流，让幼儿通过声音去感知和领会语言。所谓“讲”，是指教师引导幼儿在感知和理解的基础上，用语言充分表达个人对事物的认识。所谓“做”，是指教师引导幼儿参与或独立地操作与所学语言知识相关的事物，加深对语言的理解，使表达更具有个性和创造性。

在语言教育活动中，教师应将视、听、讲、做有机地结合起来，提供视听材料，让幼儿参与讲和做，从而发展幼儿的语言能力。

小贴士

如何引导幼儿学会认真倾听①

成人要耐心倾听别人（包括幼儿）的讲话，等别人讲完再表达自己的观点。
与幼儿交谈时，要用幼儿能听得懂的语言。
对幼儿提要求和布置任务时要求他注意听，鼓励他主动提问。

① 内容源自《3—6 岁儿童学习与发展指南》。

如何对幼儿讲话[①]

对幼儿讲话时，注意结合情境使用丰富的语言，以便于幼儿理解。如：

说话时注意语气、语调，让幼儿感受语气、语调的作用。如对幼儿的不合理要求以比较坚定的语气表示不同意；讲故事时，尽量把故事人物高兴、悲伤的心情用不同的语气、语调表现出来。

根据幼儿的理解水平有意识地使用一些反映因果、假设、条件等关系的句子。

说一说： 什么是视、听、讲、做结合法？

二、示范法

示范法是指在语言教育活动中，教师为幼儿提供语言和行为范例，并引导其效仿的一种语言教育方法。幼儿通过模仿学习语言。榜样示范的质量直接决定了幼儿语言发展的水平。在学前儿童语言教育活动中，示范可以由教师进行，也可以采用录音，甚至让语言能力发展较好的幼儿来进行。运用示范法应注意以下几个方面。

（一）示范应标准

在语言教育活动中，教师的用词造句、表达方式、行为态度、表情姿态以及对别人说话的反应方式都可能是幼儿模仿的对象，教师的言语示范就是幼儿语言学习模仿的榜样。在一般情况下，教师在开展语言教育活动时，应面向全体幼儿，做到发音准确、表意清晰、语汇丰富、用词恰当、语法规范、响度适中、富有表现力，有时还要辅以自然大方的表情和手势，帮助幼儿理解和掌握内容。在文学活动、早期阅读活动、游戏活动等语言教育活动中，教师的示范还应做到生动形象、声情并茂，为幼儿创设良好的语言环境，增强幼儿的语言学习兴趣，提高其语言表达的水平。

（二）示范应适时、适量

由于幼儿注意力集中的时间较短，记忆容量有限，教师的示范应适时、适量。对于一些容量较大的内容，教师要根据情况分步示范、重点示范、完整示范。针对难以理解的内容，可以及时地进行反复示范、重点示范，让幼儿有意识地模仿。对于纠正性示范则要酌情处理，一方面要善于发现和纠正幼儿的语言错误，另一方面不要过于挑剔，避免频频进行纠正性示范，否则会降低幼儿模仿学习的积极性。如果幼儿在表达过程中出现错误，教师不要急于打断，应该给幼儿调整纠错的机会，尽可能让幼儿流畅、完整地进行表述，采用鼓励性强化的方式，进行正面引导，让幼儿树立学好语言的信心。

（三）注意运用隐性示范

在一般教育过程中，教师的示范大多是显性示范，即教师明白地告诉模仿者应该怎么做，并要求模仿者观察教师的语言和动作。这种显性示范对于某些年龄段的教育对象和某些科目的教育

① 内容源自《3—6岁儿童学习与发展指南》。

是十分必要的，效果也比较好。但是单纯运用显性示范往往显得单调、枯燥，且要求幼儿长时间集中注意力于教师的示范，不符合其心理特点。教师要注意使用隐性示范，以参与者的身份与幼儿平等地进行活动。例如在生活经验讲述中，教师先介绍自己的生活经验。这时，教师并没有明确要求幼儿仔细观察，而是通过暗示性示范影响活动的进程。

小贴士

成人注意语言文明，为幼儿做出表率[①]

与他人交谈时，认真倾听，使用礼貌用语。

在公共场合不大声说话，不说脏话、粗话。

幼儿表达意见时，成人可蹲下来，眼睛平视幼儿，耐心听他把话说完。

如何帮助幼儿养成良好的语言行为习惯[②]

结合情境提醒幼儿一些必要的交流礼节。如对长辈说话要有礼貌，客人来访时要打招呼，得到帮助时要说谢谢等。

提醒幼儿遵守集体生活的语言规则，如轮流发言，不随意打断别人讲话等。

提醒幼儿注意公共场所的语言文明，如不大声喧哗。

说一说： 什么是示范法？示范法有什么要求？

三、讲解法

讲解法是教师用符合幼儿年龄特征的方式分析、解释、解说活动或文学作品的一种语言教育方法。由于幼儿年龄小，生活经验少，加上其听觉器官、发声器官的发育还不够完善，教师在语言教育活动中需要经常运用讲解法。但是，讲解不等于简单灌输知识。运用讲解法应注意以下几个方面。

（一）讲解应适量

教师是幼儿语言学习的支持者、启发者、引导者和帮助者。在使用讲解法时，教师一定要明确自己的角色，注意通过讲解启发幼儿，而不是代替幼儿学习。

（二）讲解应适时

在活动中，教师应尽量启发幼儿自己理解语言的内容，掌握语言的规则。遇到幼儿不理解时，教师不要急于讲解，而应根据幼儿的已有经验，适时进行点拨讲解。例如，当幼儿不明白“春眠不觉晓”中的“眠”的意思时，教师可以联系青蛙、棕熊等动物“冬眠”中的“眠”进行适当的点拨讲解；如果幼儿能够触类旁通，那么连讲解都不需要了。

①② 内容源自《3—6岁儿童学习与发展指南》。

（三）讲解应浅显易懂

教师的讲解应根据幼儿的心理特点和认知水平进行，避免使用过多的术语和成人化的语言，力求浅显易懂、恰当准确。例如，在讲解与手部动作有关的动词如“捏”“抓”“握”“拎”“拿”等时，教师可结合动作表演示范，准确清楚地讲解这些动作发生的部位，让学习内容变得具体可感，便于幼儿理解和模仿。

说一说： 什么是讲解法？讲解法有什么要求？

四、练习法

练习法是教师有意识地引导幼儿通过多次反复实践，学习使用某一个语言因素（如语音、词汇、句子等），或训练某方面的语言技能技巧的一种语言教育方法。幼儿的语言能力是在实践中不断发展起来的。教师要为幼儿创造说话的机会，让幼儿学会清楚地表达，体验语言交往的乐趣，引导幼儿反复实践，让他们逐渐掌握正确的发音、组词、组句等各项语言技能。幼儿是靠模仿来形成言语反应的。特别是小班幼儿，每学习一个新词的发音，都需要反复练习，进而增强听觉感知，辨别语音的细微变化，增强发音器官的协调性。运用练习法应注意以下几个方面。

（一）练习应形式多样

不停地重复相同的内容很容易让幼儿感到疲倦和厌烦。在使用练习法时，教师要采用多样化、趣味化的方式。例如诗歌朗诵，可以根据内容采用“开拖拉机”的方式，一人一句地进行；也可以采用拍手朗诵、男女生对练朗诵、表演朗诵等形式。

（二）练习应适量

由于幼儿年龄较小，练习量不能过大，否则容易引起幼儿的反感，使幼儿失去语言学习和表达的兴趣。尤其是早期阅读技能的训练，一定要根据幼儿的年龄段特点循序渐进，不可违背幼儿语言发展的规律。

（三）练习应结合理解

练习应尽量在理解的基础上进行。如果幼儿理解了所要练习的内容，就会增强表达交流的兴趣，获得练习的成就感。

小贴士

如何为幼儿创造说话的机会并体验语言交往的乐趣[①]

每天有足够的时间与幼儿交谈。如谈论他感兴趣的话题，询问和听取他对自己事情的意见等。

① 内容源自《3—6岁儿童学习与发展指南》。

尊重和接纳幼儿的说话方式。无论幼儿的表达水平如何，都应认真地倾听并给予积极的回应。

鼓励和支持幼儿与同伴一起玩耍、交谈，相互讲述见闻、趣事或看过的图书、动画片等。

方言和少数民族地区应积极为幼儿创设用普通话交流的语言环境。

如何引导幼儿清楚地表达①

和幼儿讲话时，成人自身的语言要清楚、简洁。

当幼儿因为急于表达而说不清楚的时候，提醒他不要着急，慢慢说；同时要耐心倾听，给予必要的补充，帮助他理清思路并清晰地说出来。

说一说： 什么是练习法？练习法有什么要求？

五、游戏法

游戏法是指教师运用有规则的游戏，引导幼儿正确发音、丰富幼儿的词汇和句式、发展幼儿的语言能力的一种语言教育方法。运用游戏法符合幼儿的年龄特点，有助于集中幼儿的注意力，调动幼儿的各种感官，促进幼儿大脑积极活动，激发幼儿的学习兴趣。运用游戏法应注意以下几个方面。

（一）明确游戏的目的和内容

教师设计游戏活动时，首先应明确游戏的目的是练习发音，还是练习词汇的运用，或者是其他的语言训练，然后根据目的确定游戏的内容。

案例

大班语言描述小游戏：圆圆找朋友

目的：让幼儿用语言描述物品的颜色、功能和特征。

玩法与规则：教师出示一个圆形娃娃，告诉幼儿它要到班里来找朋友。请一位小朋友来描述他（她）带来的圆形物品是什么颜色，有什么用处，或者吃起来是什么味道。如果大家听了他（她）的描述，能猜出物品名称，他（她）就可以和圆圆做朋友。这位小朋友如果没有描述而是直接说出物品的名称，就要表演一个节目。

① 内容源自《3—6岁儿童学习与发展指南》。

（二）准备充足的游戏材料

为了让幼儿更好地体验游戏的乐趣，教师应准备充足的游戏材料，如字卡、图片和实物模型等。同时，还可以根据幼儿喜欢的名称和玩法创设游戏情境。例如，在组织小班幼儿发音练习游戏“山上有个木头人”前，教师要准备拉线木偶玩具（或用纸板制成的活动拉线木偶）一个。在玩游戏的过程中，教师要边操作拉线木偶，边念儿歌，帮助幼儿了解游戏的基本内容。

（三）精心设计游戏的名称、玩法和规则

运用游戏法应该对游戏的名称、玩法和规则进行精心的设计，让幼儿真正感受到游戏的趣味，在体验游戏快乐的同时，不知不觉地运用语言，发展语言能力。

（四）恰当选择游戏的时机

教师要根据语言教育活动的目的和幼儿的实际表现确定游戏的时机，可以在语言教育活动开始时、进行中或结束前安排游戏。例如，在幼儿理解儿歌的内容之后，进行儿歌朗读时，教师运用“接车厢”游戏，激发幼儿的兴趣。“接车厢”的游戏规则：① 游戏时大家一起念儿歌，扮火车头的人边用双手在胸前做开火车的动作，边在活动室里走动请“车厢”。② 儿歌念完后，“火车头”必须站在一名幼儿（“车厢”）面前。③“火车头”说一个词或句子，“车厢”必须对上相反的词句。④ 如果回答正确，大家一齐说“对对对，请你快来做车厢”；如果回答错误，大家就说“错错错，请你好好想一想”，答错的幼儿就不能上去“接车厢”。像这样通过游戏让幼儿反复练习说儿歌，增加了练习的趣味，让幼儿在不知不觉中巩固了所学内容。

说一说： 什么是游戏法？游戏法有什么要求？

六、表演法

表演法是指教师指导幼儿扮演文学作品中的人物，根据作品情节的发展，通过对话、动作、表情等再现文学作品中的人物形象，以增强幼儿口语表达能力的一种语言教育方法。无论是参与表演还是观看表演，都能让幼儿产生深刻印象，体验快乐的情绪，加深对语言的理解和感悟。运用表演法应注意以下几个方面。

（一）表演内容应该有一定的情节

语言游戏和文学活动都有许多可以表演的内容。表演的内容应具有一定情节，这样才能让幼儿感受到表演的乐趣，在表演中发展语言能力。

（二）表演应有明确的目的和适当的准备

表演法的运用是建立在幼儿对作品的内容有一定理解的基础之上的。在表演之前，教师应先让幼儿初步理解作品，通过朗诵、讲述体会作品的内涵，把握作品的语言特色。比如开展诗歌朗诵时，教师应先引导幼儿初步领会诗歌的韵律、节奏等方面的特色，然后让幼儿表演。又如开展故事讲述表演时，教师可以先让幼儿集体练习运用语言、动作、表情等扮演角色，再现故事情节，然后再分配角色，分批让幼儿进行表演。除了帮助幼儿理解作品内容，教师还应准备相应的道具，创设表演情境，帮助和促进儿童进入表演状态，让幼儿在学习语言的同时，充分感受表演的乐趣。

（三）鼓励幼儿在表演中进行个性化表现

不同的幼儿对同一作品会有不同的理解。在指导表演的过程中，教师应尊重幼儿对文学作品的理解，鼓励幼儿大胆想象，带着自己的理解进行表演，充分肯定幼儿的个性化表现，从而进一步促进幼儿深化对作品的理解，有效促进幼儿语言能力的发展。

说一说： 什么是表演法？表演法有什么要求？

以上方法是学前儿童语言教育活动中比较常用的方法。在实际的语言教育活动中，教师需要根据客观条件、班级幼儿的语言发展水平和语言学习特点，围绕活动的目标、内容，灵活运用各种方法，并创造出新的方法，开展丰富多样、生动活泼的语言教育活动，促进幼儿语言能力的不断发展。

任务 7

研究与实践

任务目标

1. 赴实践基地开展调查研究，认识学前儿童语言教育活动的基本类型，理解语言教育基本观念，建立对学前儿童语言教育活动的整体印象。

2. 开展学前儿童语言教育活动观摩，了解学前儿童语言教育常用方法及其基本要求。

调查研究

到实践基地开展调研，通过查阅幼儿园教育活动计划安排、与幼儿园指导教师交流，了解幼儿园开展了哪些语言教育活动，说说这些活动体现了怎样的语言教育观念，对我们开展学习语言教育活动有什么启示。

幼儿园开展的语言教育活动：

活动主要体现的语言教育观念：

对我们开展语言教育活动的启示：

尝试实践

观摩幼儿园语言教育活动，记录相应的片段，与指导教师和同伴开展研讨，指出指导教师使用的教育方法，并尝试模仿。

活动片段一：

使用的教育方法：

活动片段二：

使用的教育方法：

模仿体验感受：

思考与总结

1. 学前儿童语言教育的内涵是什么？我们该如何认识学前儿童语言教育的意义？

2. 我们应该确立怎样的学前儿童语言教育观念？

3. 学前儿童语言教育目标制定的依据有哪些方面？

4. 学前儿童语言教育目标有哪些不同的层次？你认为《幼儿园教育指导纲要（试行）》《0—3岁儿童学习与发展指南》中规定的学前儿童语言教育目标有哪些异同？

5. 学前儿童语言教育有哪些不同的途径？分别有什么作用？

6. 学前儿童语言教育的方法有哪些？分别有哪些要求？

专题 2

学前儿童谈话活动

学习目标

- **知识目标**

1. 理解学前儿童谈话活动的内涵、特点及类型。
2. 理解学前儿童谈话活动的目标及一般过程。

- **能力目标**

掌握学前儿童谈话活动设计和实施的基本要求。

- **素质目标**

关心学前儿童生活，能根据学前儿童兴趣和需要选取合适的谈话话题，在活动中与学前儿童积极互动，让学前儿童想说、敢说、有机会说。

任务导览

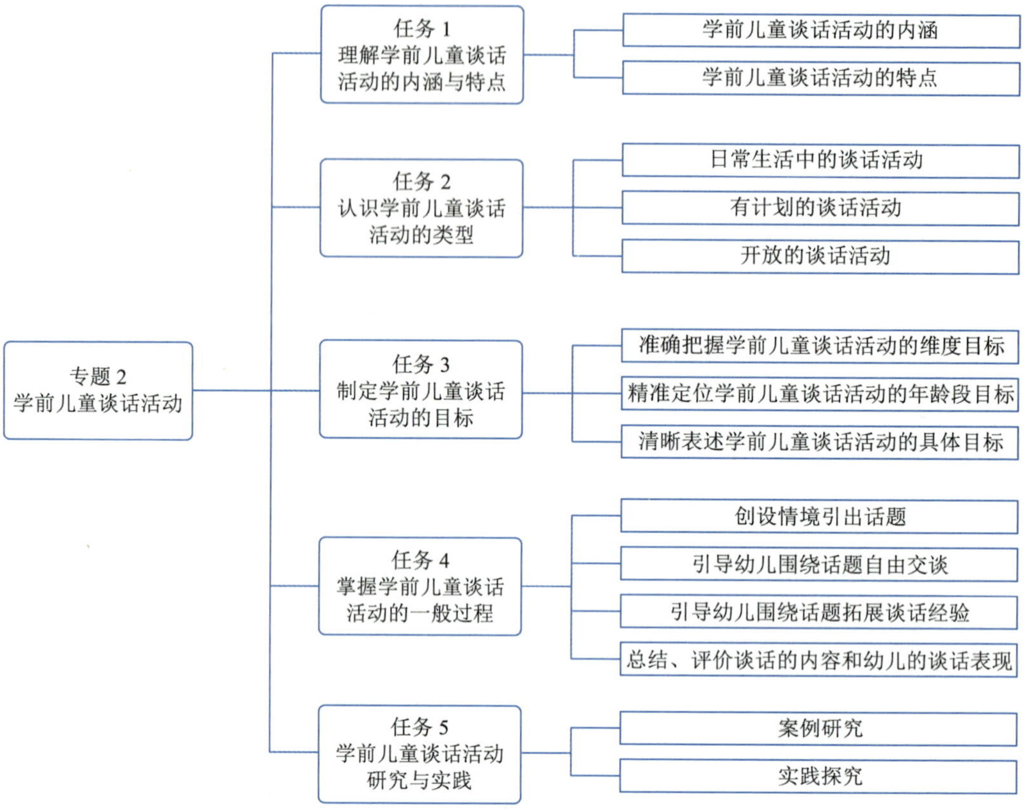

情境导入

在日常生活中，人们评价一个幼儿语言能力强，其中一个非常重要的依据就是这个幼儿很会跟人谈话、聊天。在学前儿童语言教育中，谈话活动是重要内容之一，那么，学前儿童谈话活动的内涵是什么，有哪些特点和不同的类型，在活动指导中有哪些目标要求？我们该如何组织安排学前儿童谈话活动呢？

任务1

理解学前儿童谈话活动的内涵与特点

任务目标

1. 理解学前儿童谈话活动的内涵。
2. 认识学前儿童谈话活动与日常谈话的区别与联系。
3. 理解学前儿童谈话活动的特点。

知识链接

随着对幼儿语言能力发展研究的深入，人们认识到交流和运用是幼儿语言能力发展的重要途径。给幼儿创设自由、宽松的语言交往环境，鼓励和支持幼儿进行谈话交流，让幼儿想说、敢说、会说、喜欢说，是学前儿童语言教育的重要任务。

一、学前儿童谈话活动的内涵

谈话是人们运用语言与他人交流的最基本的方式，是指两个或两个以上的人在一起说话。谈话是一种普遍而又复杂的语言现象。为了保证谈话的顺利进行，谈话的双方或多方必须对谈话的场合有一定的认识，并意识到自己所处的位置和扮演的角色，恰当地使用一定的语音、语调、语句和表达方式，相互应答，并通过修补措施对影响谈话正常进行的一些问题进行调整、纠正，使谈话达到应有的效果。

学前儿童谈话活动在我国幼儿园教育中已有多年的历史。经过长期的实践探索，人们对学前儿童谈话活动有了较为深刻和清晰的认识。综合已有的观点，学前儿童谈话活动指的是教师引导幼儿围绕特定的话题，在已有的经验和知识的基础上进行对话，帮助幼儿学会倾听、学习与他人交流的方式和规则、增强语言交往能力的语言教育活动。

学前儿童谈话活动与日常谈话不同。学前儿童谈话活动是有目的、有计划、有组织地为幼儿创造良好的语言环境，引导幼儿学会倾听、对话，习得谈话的方式和规则的教育活动。而日常谈话是幼儿在日常生活中进行的谈话，具有自发性和随机性，一般没有预期的目的和计划。前者体现了教师明确的指导作用，后者更多体现了幼儿的主体性。从话题上来说，前者是教师根据教育活动的计划和目标而精心设计的；后者是非固定的，由幼儿随意发起的。从形式上来说，前者主要是在集体场合下，利用正式活动时间进行的；后者主要是在幼儿自由活动中发生的，往往不受时间、空间和对象的限制。但是，学前儿童谈话活动和日常谈话又是有联系的，日常谈话是开展学前儿童谈话活动的基础，谈话活动中的语言学习又有助于提高幼儿日常谈话的水平。两者都是幼儿学习语言的好机会，都具有发展幼儿语言能力的作用。

说一说： 什么是学前儿童谈话活动？它与日常谈话有什么区别，又有什么联系？

二、学前儿童谈话活动的特点

作为学前儿童语言教育活动中的一种类型，学前儿童谈话活动具有自身的特点。

（一）学前儿童谈话活动有具体、有趣的中心话题

学前儿童谈话活动往往有一个全体参与者共同关注的中心话题。这个中心话题限定了幼儿交流的范围，主导了幼儿谈话的方向，使幼儿的谈话带有一定的讨论性质。一个有趣的中心话题通常具有以下三个特点。

1. 幼儿对话题有一定经验基础

谈话的话题要从幼儿的实际出发，涉及的应当是幼儿相当熟悉的内容。比如“有趣的广告”“我喜欢吃的糖果”“我的爸爸”等话题贴近幼儿的生活，在相关的谈话活动中幼儿完全可以根据自己的经验来交谈，甚至进行热烈的讨论。陌生的话题有时候虽然能够激发幼儿的兴趣，但由于幼儿缺乏应有的生活基础，往往无话可说，不能真正推动谈话活动的开展。

2. 谈话的话题有一定的新鲜感

谈话的话题新鲜有趣，幼儿就容易产生谈话的积极性。话题可以是首次提到的，令幼儿感到新奇的，要能够激发幼儿谈话的兴致。话题也可以是以一种特别的方式被重新提到的，比如“愉快的周末”这一话题必须在周末刚刚结束时就被提及，如果过了好几天再谈，幼儿就会失去谈这个话题的兴趣。

3. 谈话的话题被大家共同关心

在一定时期内幼儿关心的话题有所不同。这些话题可能是近期社会生活的内容，如幼儿生活中出现的大家共同经历的事或者电视台最近正在播放的动画片等。只有能够使幼儿产生交流和分享愿望的话题，才可能成为中心话题。

调查与研究： 赴实践基地开展观察与调研，了解学前儿童谈话活动有哪些话题，这些话题是怎样确定的。

（二）学前儿童谈话活动是多方互动的信息交流过程

学前儿童谈话活动突出强调幼儿运用语言与他人互动，需要幼儿与教师、同伴进行多方面的沟通交流。

在谈话活动中，每个幼儿都可以从不同的角度表达自己对事物的认识、看法和真实感受。谈话既可以两个人进行，也可以多个人进行。谈话对象的范围比较广，交谈的思路相对开阔，语言信息量较大。在这个过程中，幼儿之间可以运用不同的语言形式进行相互引导和模仿，从而学会

不同的表达方式。

调查与研究： 赴实践基地开展观察与调研，用文字记录谈话活动中的师幼互动情况，说说教师是如何与幼儿进行互动的。

（三）学前儿童谈话活动具有自由、宽松的交谈气氛

《指南》指出："幼儿的语言能力是在交流和运用的过程中发展起来的。应为幼儿创设自由、宽松的语言交往环境，鼓励和支持幼儿与成人、同伴交流，让幼儿想说、敢说、喜欢说并能得到积极回应。"在自由、宽松的谈话氛围中，幼儿可以围绕自己感兴趣的中心话题，自由地表达个人的见解。无论幼儿原有的经验如何，无论幼儿园开展什么样的谈话活动，幼儿都可以将自己想说的话说出来。这种自由、宽松的氛围主要体现在以下方面。

1. 内容上不要求表述的一致性

谈话活动允许幼儿针对谈话的话题，根据个人感受发表见解，说自己想说的话，不要求认识和观点的一致性。如在谈话活动"我喜欢的动画片"中，幼儿可以根据自己的理解和感受，谈论自己喜欢的动画片的内容、人物。只要话题是围绕"我喜欢的动画片"的，幼儿就可以从多方面和多角度去谈论自己的感受和想法。这正是谈话活动独特的价值所在，幼儿在对一个话题自由发表自己的观点时，能派生出丰富的子话题。教师可以抓住谈话活动的这一特征，启发幼儿积极思考，鼓励幼儿主动参与到谈话活动中。

2. 形式上不强调语言的规范性

在日常生活中，人们在谈话时使用的是口头语言。口头语言具有简洁性、省略性等特点。在谈话活动中，教师不需要特别强调语言的规范性，也不必要求幼儿使用准确无误的句式和完整连贯的语段。只要幼儿乐意表达，善于倾听，谈话活动就已经达到了目的。谈话活动注重对幼儿听说交谈兴趣的培养，目的在于为幼儿提供开口说话、倾听的机会，激励幼儿与人交谈、分享自己的认识和体会，训练幼儿的语言表达能力、倾听能力，提高他们对语言的敏感度，发展他们的人际交往能力。

调查与研究： 赴实践基地开展观察与调研，了解教师是如何营造自由、宽松的交谈氛围的。

（四）学前儿童谈话活动中教师发挥着间接引导作用

教师是谈话活动的设计者、组织者，也是谈话活动的参与者。在谈话活动中，教师的参与是以间接引导的形式出现的。这种间接引导作用主要体现在通过提问、转换角色、暗示和平行谈话的方式给予幼儿隐性示范，帮助幼儿明确谈话的话题，拓宽幼儿的思路，引导幼儿学习谈话的规则、学会倾听和表达，从而积累相互对话的经验，提高交谈的水平。比如在谈话活动"我喜欢的小动物"中，教师从动物的名称、外形、行为习惯和喜欢的原因等方面引导幼儿进行交流互动，

向幼儿暗示谈话时组织谈话内容的方式。

在活动过程中，教师应淡化引导者身份，不要采用命令的方式。应营造自由、宽松的谈话氛围，以良好的态度鼓励和支持幼儿谈话，帮助幼儿体验交谈的快乐。

调查与研究： 赴实践基地开展观察与调研，了解教师是如何在谈话活动中发挥间接引导作用的。

任务 2
认识学前儿童谈话活动的类型

任务目标

1. 了解学前儿童谈话活动的不同类型。
2. 理解不同类型谈话活动的特点及表现形式。

知识链接

依据不同的标准，学前儿童谈话活动可以分成不同的类型。按组织形式分，有日常生活中的谈话活动、有计划的谈话活动和开放的谈话活动；按谈话内容分，有看图谈话、文学欣赏谈话、活动后谈话等。这里仅按谈话的组织形式进行分类。

一、日常生活中的谈话活动

语言存在于生活之中，而幼儿也是在生活中掌握和发展语言的。日常生活中的谈话活动带有较强的情境性和感情色彩，交谈话题极其丰富，交谈对象经常变化，交谈可以在任何情况下开始或结束，不受时间、空间和交谈对象的限制，谈话的形式也多种多样。这种谈话活动对不同年龄段的幼儿都适用，是发展幼儿口语的重要途径。

日常生活中的谈话活动主要有个别谈话、小组谈话和集体谈话三种形式。

（一）日常生活中的个别谈话

在日常生活中的各个环节，教师都可以与个别或部分幼儿就某个话题进行交谈。这种交谈并不是随意进行的，而是经过一定计划和准备的。教师需要考虑与哪些幼儿交谈、谈什么内容，通过交谈了解些什么，发展他们的哪些言语基础和技能，并把这些内容列入一日生活计划中。例如，早上幼儿入园时，教师计划和两名比较内向、不愿意与人多说话的幼儿交谈，了解他们在家里的活动，激发他们与人交流的意愿；晚上离园时，计划和另外两名语言交往能力较弱的幼儿交谈，提出诸如“今天你在幼儿园有什么高兴的事”“今天你学会了什么”等问题，激发幼儿主动积极地进行语言表达的热情。在交谈中，幼儿可以随时加入或退出交谈，也可以随时邀请其他幼儿参与。日常生活中的个别谈话主要目的在于增强幼儿的自信心，调动其参与活动的积极性。

（二）日常生活中的小组谈话

经常会有一些幼儿对同一话题感兴趣，如有些幼儿对汽车感兴趣，有些幼儿对建筑物感兴趣，有些幼儿对某个动画片感兴趣，等等。平时我们经常能看到几个幼儿凑在一起热烈地谈论一个话题，这就是小组谈话。因此，幼儿园应在时间和空间上给予幼儿小组谈话的支持。教师应给幼儿充分的自由谈话时间，并且在幼儿园的班级、走廊、户外等场地创设幼儿小组谈话的空间。走廊的拐角处、楼梯下的空间、教室的一个安静的角落、窗边、室外的小木屋等，都是幼儿乐意聚集交流的场所。同时，教师也可以适时加入幼儿的交谈中，帮助幼儿丰富话题和词句，增强他们交谈的能力。

（三）日常生活中的集体谈话

与个别谈话和小组谈话相比，集体谈话更自由，可以同时有多个话题，形式可以是师生间的谈话，也可以是同伴间的谈话。这种谈话也遵循自由参与的原则。例如在每天早晨入园时、散步时或活动间隙，教师都可以组织幼儿开展集体谈话。

说一说： 什么是日常生活中的谈话活动，它有什么特点，有哪些不同的组织形式？

二、有计划的谈话活动

有计划的谈话活动是教师依据教育目标，结合本班幼儿的实际水平和生活经验，确定话题，制订活动计划（教学活动方案），有目的地组织幼儿进行的教学活动。话题一般由教师拟定，在大班也可以邀请幼儿参与拟定。主要话题有：

① 我喜欢的……（食物、人物、动物、玩具、图书、衣服、动画片等）。

② 我和周围的人（爸爸妈妈、爷爷奶奶、教师、同伴等）。

③ 快乐的节日（六一儿童节、国庆节、三八妇女节、元旦、春节等）。

④ 我与周围的环境（花草树木、建筑物、道路、居住环境、交通、季节、家居产品等）。

⑤ 我参加的活动（春游、参观、访问、旅游、探亲访友等）。

由于谈话活动话题大都需要事先进行精心选择、设计和准备，教师要特别注意谈话前安排幼儿与家长做好有关方面的生活经验的准备。比如在开展主题为“我的爸爸”的谈话前，教师应与家长沟通，让爸爸事先和孩子交流，说说自己的年龄、工作内容、工作环境，让孩子事先观察爸爸在家里做些什么、有什么兴趣爱好等。只有这样，当开展该话题的谈话时，幼儿才能有话可谈，谈话才能生动有趣。在谈话过程中，教师应鼓励幼儿对同伴说、对教师说，并认真倾听同伴的谈话。在倾听和交谈中，教师可不断拓展谈话的话题，丰富谈话的词句，增强幼儿的语言表达能力和兴趣。

说一说： 什么是有计划的谈话活动？它有什么特点？

三、开放的谈话活动

开放的谈话活动主要指的是讨论活动，属于特殊的谈话活动。其特殊性主要体现在话题的开放性、交往的开放性、指导的开放性三个方面。

（一）话题的开放性

讨论活动中讨论的话题应符合幼儿已有的生活经验。如讨论“未来的交通工具”这个话题时，教师可以让幼儿在已有经验的基础上随意展开想象、自由发挥，不设固定的答案。

（二）交往的开放性

讨论中，幼儿可以就自己的观点与他人进行充分的语言交流。幼儿既要清晰地向对方表达自己的看法，又要善于倾听他人的见解，进行分析、反驳或接纳，从而使语言交流延续下去。这种语言交流的对象可以是一一对应的，也可以在小组或集体中进行。讨论活动对幼儿的语言运用能力、思维的敏捷性、参与的热情都有较高的要求。

（三）指导的开放性

教师对幼儿提出的看法应持开放、包容的态度，指导的重点应放在发展幼儿的语言交流能力上。如幼儿说“将来我上班的时候，我可以从我家阳台上直接开着飞行器去上班”，教师应充分肯定幼儿的这种想法，给予积极的评价和鼓励，也引导其他幼儿勇敢地想象，自信、大胆地表达。

说一说： 什么是开放的谈话活动？它有什么特点？

____

____

____

拓展阅读

晨间谈话的目标定位和开展策略①

一、晨间谈话的目标定位

晨间谈话对促进幼儿身心发展，增强其倾听与表达能力具有重要意义。教师需要准确定位晨间谈话的教育目标，发挥晨间谈话的教育作用。

1. 愉悦身心，激发交谈兴趣。

教师组织晨间谈话应在宽松自在的氛围下，以愉悦身心、激发幼儿交谈兴趣为导向。在短暂的时间内，大家欢聚一堂开心交谈，重要的是要迎合幼儿的兴趣和需要，引发幼儿相互间的亲密关注，在有趣的话题和自由畅谈中共同感受集体生活的美好时光。

2. 友好交谈，培养倾听习惯。

晨间谈话一般为集体谈话活动，要以友好交谈、培养幼儿良好的倾听习惯为主要目标。教师要引导幼儿安静专注地倾听，学习轮流说话，不随意打断别人讲话，学习修补和扩充他人讲话的内容，友好、有礼貌地进行交谈，逐步形成有意识倾听的好习惯。

3. 大胆说话，锻炼表达能力。

晨间谈话是教师与幼儿、幼儿与幼儿之间友好的交谈。教师要创设人人自主参与交谈、大胆大方说话、清楚完整进行表达的良好环境，让幼儿在相互欣赏和肯定中敢于大声说话，大胆发表个人看法，无拘无束地参与交谈，锻炼口语表达能力。教师要善于鼓励，增强幼儿的自信心，让

① 颜晓燕．晨间谈话何去何从［J］．福建教育，2015（6）：11-12，21．（有改动）

幼儿与同伴相互影响、相互学习，在集体场合中落落大方，声音响亮，畅所欲言，不断发展语言表达能力。

二、晨间谈话的有效开展策略

教师要关注幼儿学习与发展的整体性，尊重幼儿发展的个体差异，理解幼儿的学习方式和特点，重视幼儿的学习品质，灵活开展多样化的晨间谈话，促进幼儿健康和谐发展。

1. 每日一谈，集体分享快乐。

教师应根据幼儿当前学习与发展情况，以及当天晨间活动的实际情形，营造快乐的氛围，选取幼儿共同经历和感受的内容，包括生活中富有趣味的人、事、物、景等，并从中确定一个具体有趣的中心话题，如能干的妈妈、运动中的安全、快乐的六一儿童节、美丽的夏装、幼儿园的花圃等，结合适当的情境，通过图片、视频等，唤起幼儿的生活体验，引发幼儿愉快交谈，鼓励幼儿大胆表达，分享晨间的快乐，迎接美好的一天。

2. 融合游戏，分组分区交谈。

目前，不少幼儿园会在晨间开展丰富多彩的、打破班级界限的户外自选活动，且持续的时间较长，有的还包括早操环节。在整个晨间活动中，幼儿都处于自由游戏和体育锻炼状态，情绪特别兴奋和高涨。在活动之后，幼儿非常需要一个较为安静的环节，以平复他们的情绪。此时进行晨间谈话可以融合游戏内容，分组分区开展谈话交流。区域指导教师可召集在本区域活动的幼儿开展简短谈话，如在攀爬区，教师可围绕自选活动的内容、玩法、注意事项和幼儿玩后的心情，结合现场展开交谈，必要时还可结合幼儿的动作进行示范。此种谈话生动有趣，贴合幼儿的直观感受，让幼儿有话可谈，同时也能促进不同班级幼儿之间的交往。

3. 结合生活，随机自由交谈。

晨间谈话可以有多样化的形式，如晨间播报、天气预报、自然角新发现、值日生日志、新书分享、故事听赏等。教师可结合幼儿的日常生活内容展开谈话，并由幼儿轮流主讲，提前收集资料做好准备，开展时引导其他幼儿参与讨论交谈，使幼儿积极主动，兴趣倍增。还可在午餐前后、午休前后、离园前后等环节开展随机自由交谈，如“报餐”活动，请幼儿轮流介绍当天的食谱，引导其他幼儿参与有关“食物营养或用餐礼仪”等内容的交谈。教师应在日常生活的各个环节贯穿倾听与表达的内容，将晨间谈话的内容延伸到一日生活中，将晨间谈话的经验迁移到其他环节的交谈中，利用各种交谈时机，引导幼儿展开多方交流，自主地获取信息，锻炼口语表达能力。

4. 渗透教学，交流学习经验。

根据幼儿实际活动的情况，有时教师不一定开展集体性的、内容完整的晨间谈话，但无论是否每日开展晨间谈话，教师都需要将谈话的教育目标渗透到各领域教学中，帮助幼儿在各项活动中学习和积累倾听与表达的经验。在教学过程中，教师需要帮助幼儿梳理各领域的学习经验，并结合谈话活动进行小结归纳。此时的谈话不一定是在晨间时段，但同样可以实现谈话的目标。如在科学探究活动“球的滚动”中，在幼儿操作实践后，师幼结合记录表进行交谈，梳理对“球在不同粗糙面上滚动”的认识和看法，进行学习经验的交流和分享。

任务 3

制定学前儿童谈话活动的目标

任务目标

1. 能够从情感与态度、认知、能力三个维度理解学前儿童谈话活动的总目标。
2. 能够从小班、中班、大班三个阶段理解学前儿童谈话活动的目标要求。
3. 能够根据幼儿年龄特点和特定的话题制定学前儿童谈话活动的目标。

知识链接

学前儿童谈话活动作为一种特殊的语言教育形式，与其他语言教育活动相比，有其特殊的目标、内容和组织实施的特点。学前儿童谈话活动的目标应建立在《纲要》和《指南》目标体系的基础上，既不违背《纲要》和《指南》的目标要求，又要符合谈话活动的特点和幼儿年龄段特点，突出"倾听与表达"的要求，使幼儿想说、敢说、会说、喜欢说，并养成良好的倾听习惯和文明的语言习惯。对幼儿语言表达的要求应侧重口头语言表达能力的增强。

一、准确把握学前儿童谈话活动的维度目标

（一）情感与态度目标

学前儿童谈话活动的目标首先应体现"幼儿为本"的教育理念，突出幼儿在谈话活动中的主体性。幼儿在谈话中只有认真倾听、积极参与交流沟通，才能清楚明白地听懂别人所说的话，并且进行恰如其分的应答，获取丰富的知识经验。学前儿童谈话活动应充分发挥幼儿的主体作用，激发幼儿积极进行交谈的兴趣和热情，调动幼儿的主动性，引导幼儿乐意与人交谈。学前儿童谈话活动情感与态度目标主要有以下几个。

（1）具有主动倾听别人谈话的愿望、态度和习惯。

（2）认真并有礼貌地倾听他人说话。

（3）乐意和同伴、教师及他人用普通话进行交谈。

（4）积极与他人交谈，乐意说出自己的意见和感受。

（5）主动用适合自己角色的语言交谈。

（二）认知目标

幼儿学习谈话必须掌握相应的规则。这些规则可以保证幼儿正确地运用语言与人交流，促进谈话水平的提高。这些规则包括倾听、围绕话题、轮流交谈等方面。学前儿童谈话活动认知目标主要有以下几个。

（1）懂得倾听他人谈话的内容。

（2）知道围绕话题进行交谈，拓展谈话内容，不跑题。

（3）理解并掌握听说轮换等基本交谈规则。

（三）能力目标

谈话活动具有较强的实践性。只有在积极与人交谈的过程中，幼儿才能学会捕捉信息，表明自己的看法，明白他人的意思。学前儿童谈话活动能力目标主要有以下几个。

（1）能倾听他人的谈话，从中捕捉有效的语言信息。

（2）能围绕特定的话题，拓展谈话内容，并能用修补的方法延续话题，充分表达个人见解。

（3）能在合适的场合，以恰当的角色，运用轮流的方式与他人进行交谈。

拓展阅读

谈话的修补①

谈话不是在瞬间就结束的交流方式，参与者需要就交流内容进行一定时间的交谈。在这样的谈话过程中，谈话内容的中断现象有可能出现，那么交谈的参与者便应具有修补的意识和能力来延续谈话。所谓修补，就是在谈话中出现听错或理解错误时，为保证谈话信息传递的准确性，进行及时的修正补充。

修补的方法包括自我修补和他人修补。自我修补是指说话者在谈话时发现别人没有理解自己的意思，于是进行自我重复或自我确认，从而让别人明白自己的真正意思。例如在谈话活动“有趣的饼干”中，幼儿讲自己要发明“饼干书”，发现别人理解模糊或可能认为“饼干书”是把饼干做成书的样子，于是重复说“饼干书就是书看完后可以当成饼干吃掉”。他人修补是指谈话时如有不理解的情况，听话人用重复、提问等方式来进一步了解信息。例如在上述例子中，另一名幼儿说：“饼干书是不是表示我可以把书当饼干吃掉？”

教师可以通过示范、提问或引导培养幼儿的修补意识和能力，使幼儿学习延续谈话的修补方法，增强这方面的敏感性。

议一议： 你认为学前儿童谈话活动的情感与态度、认知、能力三维目标有什么区别与联系？

二、精准定位学前儿童谈话活动的年龄段目标

（一）小班（3～4岁）谈话活动目标

（1）乐意倾听别人说话，保持安静，不随意打断他人说话。

（2）会用简单的语言回答问题、表达自己的心情和想法。

（3）乐意学说普通话，喜欢和教师、同伴用普通话交谈，交谈时音量适当。

① 周兢，余珍有．幼儿园语言教育［M］．北京：人民教育出版社，2004：114-115.（有改动）

（4）初步学习常用的交往语言和礼貌用语。

这一阶段幼儿认知经验有限，与同伴和教师处在良好交往关系的建立之中，有时候在谈话中不能有意识地注意听，也不能完全理解他人的讲话，对他人的讲话只能做简单的回应，表达还可能存在声音小、吐字不清晰、表意不明确等情况。在谈话活动中，教师要注意保护幼儿的谈话意愿，让幼儿想说、敢说，在技能上只要求幼儿能运用简单的语言进行交流。

（二）中班（4～5岁）谈话活动目标

（1）认真、有礼貌地倾听别人说话，不随便插话和打断别人谈话，并做出积极的回应（如通过表情、声音、姿势、词语、句子等不同的方式）。

（2）积极有礼貌地参与交谈，能大胆、清楚地表达自己的感受、愿望和意见。

（3）积极学说普通话，发音清楚。

（4）知道用语言处理与别人的关系，音量、语速适中。

这一阶段幼儿的认知经验相对丰富，他们开始学会注意倾听，但还不能较好地掌握谈话规则，有时会打断教师和同伴的发言。教师应注意引导幼儿围绕一定的主题展开谈话，并注意与同伴的互动。由于发展的差异性，幼儿在对谈话内容、规则等的把握上也会有不同的表现。有些幼儿可能落后于其他幼儿，需要教师在活动中宽容以待，加强正面的积极引导。

（三）大班（5～6岁）谈话活动目标

（1）认真、有礼貌地倾听别人说话，能根据话题陈述自己的意见，并做出反应。

（2）能用正确的交流方式主动和别人交谈，乐于参与讨论，发表自己的见解，用恰当的语言处理和调节与他人的关系。

（3）坚持说普通话，发音准确、清楚。

（4）能根据不同的场合，用恰当的音量、语速说话。

这一阶段幼儿的谈话能力明显增强，他们已经能够较为完整地理解谈话对象的意思，并逐步掌握谈话规则，知道轮流发言，适时插话。在谈话活动中，教师要注重引导幼儿紧密地围绕主题进行交谈，主动回应、质疑、反驳成人或同伴的观点，有意识地运用举例、质疑等方式证明自己的观点。

议一议： 上述三个阶段谈话活动目标有什么区别与联系？

三、清晰表述学前儿童谈话活动的具体目标

在学前儿童谈话活动的准备过程中，首要的工作就是合理制定谈话活动的目标。教师可以根据学前儿童谈话活动维度目标和年龄段目标的要求，结合具体的活动主题，从情感与态度、认知、能力等维度，制定具体的活动目标，全面促进幼儿谈话核心经验的发展。

案例

从谈话活动主题及年龄段的限定性、活动目标维度的全面性、表述的具体性等方面对以下谈话活动的目标进行研讨分析。

1. 大班谈话活动“我的家”目标分析

【活动目标】

1. 通过对自己家周围环境的变化及房屋内部结构的描述，发展思维的逻辑性及口语表达能力。
2. 能较连贯地表达自己的想法，积极参与谈话活动。
3. 培养幼儿的空间思维能力。

评析：

扫一扫

观点参考

2. 小班谈话活动“我喜欢喝……”目标分析

【活动目标】

1. 学会用简短的语句谈论自己喜欢喝的饮料，学习用“喜欢、漂亮、甜甜的、香香的”等词汇进行表达。
2. 围绕“我喜欢喝……”这个话题进行谈话，愿意在大家面前表达自己的想法。
3. 知道要少喝饮料，喝饮料时不能打闹。

评析：

扫一扫

观点参考

3. 小班谈话活动“我会自己做”目标分析

【活动目标】

1. 围绕主题“我会自己做”进行谈话，较完整地讲述句子“我会自己……”。
2. 乐意参与个别交谈与集体谈话活动，大胆讲述自己的想法，倾听同伴的讲述。
3. 体验成长的自豪感，进一步激起自己做事情的愿望。

评析：

扫一扫

观点参考

任务 4
掌握学前儿童谈话活动的一般过程

任务目标

1. 理解学前儿童谈话活动一般过程的基本环节。
2. 掌握学前儿童谈话活动过程各环节的基本要求。

知识链接

学前儿童谈话活动的一般过程包含创设情境引出话题，引导幼儿围绕话题自由交谈，引导幼儿围绕话题拓展谈话经验以及总结、评价谈话的内容和幼儿的谈话表现四个环节。

一、创设情境引出话题

创设情境是学前儿童谈话活动的第一步，目的在于激发幼儿的谈话兴趣，唤起幼儿对与话题有关的经验的联想，打开谈话的思路。

（一）利用实物创设情境

教师可利用活动区布置墙饰、桌面玩具、实物摆设等，为幼儿提供与谈话话题有关的可视形象，启发幼儿的思路，引出谈话话题。可视形象的呈现可以唤起幼儿的经验，激发幼儿的谈话兴趣。例如在谈话活动“我喜欢吃的糖果”中，教师可以糖果店为背景，以实物糖果引出关于糖果的话题，激发幼儿谈话的兴趣。

（二）运用对话创设情境

教师可从幼儿的生活经验出发寻求话题，激发幼儿谈话的兴趣，或提一些问题来调动幼儿的经验，启发幼儿谈话的思路。

例如，关于早餐，不少家长由于赶时间或者起床晚了，会让孩子随便吃点早餐，甚至有些孩子没吃早餐，或者有些孩子存在挑食不吃早餐的情况……教师可抓住这个契机，通过对话创设情境，引出“美味的早餐”谈话活动。

师：小朋友们，不吃早餐可不行哦，你们知道为什么吗？

幼 1：吃早餐才有营养。

幼 2：吃早餐才有力气做早操。

幼 3：吃早餐才会长高。

师：那你们喜欢什么样的早餐呢？

幼 1：我喜欢奶奶做的早餐。

幼2：我喜欢妈妈做的早餐。

师：我喜欢有牛奶、面包的早餐。

幼儿的谈话差点偏离话题，但教师及时示范，在对话中推动着谈话活动顺其自然地朝向“美味的早餐”的话题前进。

（三）通过游戏创设情境

教师通过开展游戏活动，创设与话题相关的情景，引发幼儿的真实感受，激发幼儿强烈表达的愿望，从而引出主题。

例如在中班谈话活动“交朋友”中，教师请两名幼儿表演两只小熊吵架又和好的游戏（提前排练好），用这种形式引发幼儿的思考，激发幼儿对“朋友”这个话题的表达欲望，调动幼儿的积极性。

无论采用何种方式，所创设的情境都应该适合幼儿的认知水平，能够被幼儿接受，并且要紧扣谈话的主题，服务于谈话活动的内容，能够自然而然地引出话题。

调查与研究： 赴实践基地观摩学前儿童谈话活动，说说教师是如何创设谈话情境引出话题的，思考还可以怎么做。

二、引导幼儿围绕话题自由交谈

引出话题之后，教师要努力调动幼儿有关话题的知识经验，引导他们运用已有经验自由交流个人见解。在这个过程中，教师要注意鼓励幼儿积极参与，增加表达的机会，不必过多地干预，保证谈话气氛宽松融洽，让幼儿在自由交流中体验交谈的乐趣，增强对话能力。

（一）调动幼儿的自主性

《指南》指出：“幼儿的语言能力是在交流和运用的过程中发展起来的。应为幼儿创设自由、宽松的语言交往环境，鼓励和支持幼儿与成人、同伴交流，让幼儿想说、敢说、喜欢说并能得到积极回应。”因此，在谈话对象选择上，教师要充分尊重幼儿的意愿，允许幼儿自由选择伙伴，三三两两结伴交谈。在谈话内容上，只要幼儿围绕中心话题交谈，教师就不必过多干涉。教师可以在幼儿开展自由交谈之前，提出一些引导性的问题。例如在谈话活动“我喜欢吃的糖果”中，教师可以提出“你喜欢吃的糖果叫什么名字？它是什么颜色、什么形状的？吃起来感觉如何？”这一系列问题，引导幼儿自由交谈。幼儿开始谈论时，内容可能会超出教师预设的范围，此时教师应充分尊重幼儿，观察幼儿的自由交谈，为后续引导积累素材。

（二）尊重幼儿的个性差异

幼儿的语言能力发展有着明显的个性化特点。有的幼儿语言反应和语言速度较快，有的幼儿则相对较慢；有的幼儿说话声音响亮，有积极的表达意愿，有的幼儿则说话声音较小，表达时比较谨慎胆怯；有的幼儿乐意说，有的幼儿则更乐意听……不同表达个性的幼儿有各自的长处和不足。教师应关注并尊重幼儿的差异，有意识地引导幼儿之间相互取长补短。如可以将个性不同的幼儿有意识地进行组合，让每个幼儿都有机会听和说，相互促进，增强他们的语言表达能力。

（三）给予幼儿表现的机会

谈话活动具有较强的实践性，只有让幼儿积极参与交流，才能提高他们的交流水平。在谈话活动中，教师应尽可能给予幼儿表现的机会，让他们动口、动脑、动手，调动各种感官的参与，增强谈话的趣味性。例如在谈话活动“我喜欢吃的糖果”中，教师可以让幼儿边品尝边交谈，便于他们更加准确地说出糖果的口感和味道；在谈话活动“我喜欢的动画片”中，教师可以让幼儿扮演动画片里的角色，边演边谈，启发幼儿说出动画片中的人物特点和主要情节。

（四）注重师幼之间的互动

幼儿在自由交谈中的互动是自然而然发生的。但是，自由交谈不等同于放任自流，教师更不能袖手旁观，应做好观察、参与、引导工作。首先，教师必须在场。当幼儿看到教师在场时，即使教师并未说话，幼儿也能感到自己说话有价值，从而提高说话的积极性。其次，教师要参与谈话。在幼儿自由交谈的过程中，教师可采取轮番巡视的方式，观察各组幼儿的表现、交谈的内容，可以用微笑、点头、拍手等肢体语言给幼儿鼓励，也可以用皱眉、凝视、抚肩等方式提醒未能很好进入谈话状态的幼儿。发现幼儿需要帮助的时候，教师可以简单地发表个人见解，或对幼儿的说话给予回应，及时通过参与交谈的方式，给予幼儿隐性的指导。

调查与研究： 赴实践基地观摩学前儿童谈话活动，说说教师是如何引导幼儿自由交谈的，思考还可以怎么做。

三、引导幼儿围绕话题拓展谈话经验

在幼儿积累了一定的谈话经验之后，教师可围绕话题，逐步引导幼儿扩大谈话的范围，挖掘更加深入的谈话内容，启发、帮助幼儿把新的谈话经验运用到谈话活动中。

所谓新的谈话经验，指的是谈话活动目标在谈话活动中的具体化，是幼儿需要学习的谈话思路和谈话方式的总和。但是，在设计和组织谈话活动时，教师应根据具体谈话活动的要求，寻找新的语言经验点，帮助幼儿整理谈话思路，掌握一定的谈话规则，习得一些适用于谈话的交往方式。例如在谈话活动“我喜欢的糖果”中，教师通过提问的方式进行引导。首先，请幼儿说一说自己带来的糖果有什么特别的地方。接着，请幼儿谈一谈自己最喜欢哪种糖果、为什么。最后，请幼儿谈一谈自己觉得哪种糖果最有趣、为什么。可以看出，教师的提问和引导始终围绕着“我喜欢的糖果”这个话题，逐层拓展幼儿的谈话内容，为幼儿习得新的谈话经验提供了机会。

在拓展幼儿谈话经验的过程中，教师应注意两点：一是应以幼儿已有谈话经验为基础。例如培养幼儿倾听谈话的意识、情感和能力，对不同年龄段的幼儿，应该有不同的要求。落实到每一次活动中，应逐步加入新的倾听经验要求。二是新的语言经验应该有所侧重。如果这次谈话活动的重点是让幼儿学习围绕中心话题谈话，下次则可能是让幼儿学习围绕中心话题拓展小话题，再往后还可能是让幼儿自己提出话题开展谈话，等等。

教师可以用提问、平行谈话的方式逐步引导幼儿积累新经验。例如在谈话活动“我的爸爸”中，教师采用平行谈话的方式，引导儿童用新的经验谈话。教师说：“我的爸爸很爱我。在我小的时候，爸爸教我游泳，带我去郊游，还让我骑在他的肩膀上。现在我长大了，工作了，我每天下班回家时，爸爸总是在客厅等着我。不管我下班回家多晚，爸爸都坐在沙发上。客厅里的灯亮着，我回到家就觉得很温暖。以后等爸爸老了，我要经常陪着爸爸，陪他吃饭、看电视、散步，我也要给爸爸温暖。孩子们，你们的爸爸是怎么爱你们的呢？你长大后又打算为爸爸做些什么呢？”这让幼儿在不知不觉中沿着新思路去说，最终习得这种谈话经验。

调查与研究： 赴实践基地观摩学前儿童谈话活动，说说教师是如何帮助幼儿拓展谈话经验的，思考还可以怎么做。

四、总结、评价谈话的内容和幼儿的谈话表现

在幼儿学习和初步运用谈话经验之后，教师可以总结、评价本次谈话的内容和幼儿的谈话表现，对活动基本情况进行反馈，帮助幼儿加深印象，强化认识。

教师可以结合图片、符号或文字等，总结幼儿在活动中围绕话题谈了什么，归纳出幼儿谈话的基本思路和内容，帮助幼儿梳理经验。在评价幼儿的表现时，要把评价的“视线”聚焦到幼儿参与谈话活动的兴趣上。教师可先引导幼儿进行自我评价：“你觉得自己表现得怎么样？哪里好，哪里不太好？”然后根据幼儿的实际表现，结合同伴评价，从谈话的规则和策略等方面给予幼儿积极的评价和引导，鼓励幼儿在今后的谈话活动中加以运用。

调查与研究： 赴实践基地观摩学前儿童谈话活动，说说教师是如何总结谈话的内容和评价幼儿的谈话表现的，思考还可以怎么做。

任务 5

学前儿童谈话活动研究与实践

任务目标

1. 认真阅读案例，能够从主题、设计意图、目标、过程等不同的部分整体把握谈话活动设计的基本要求。

2. 能够对案例进行评析，学习案例设计与安排的“亮点”与特色。

3. 尝试根据方案进行活动模拟，增强活动调控能力。

4. 能结合实践观察记录，概括学前儿童谈话活动的主要环节，并评价其得失。

5. 确定对象，设计一次学前儿童谈话活动，尝试实践并反思。

案例研究

大班谈话活动：我的本领①

【设计意图】

本领是什么？对于大班的幼儿甚至家长来讲，他们可能最先想到的是唱歌、跳舞、绘画、弹琴等才艺特长。笔者通过平时和幼儿的聊天也发现，他们对于本领的理解是片面的，有的幼儿会自豪地说“我会打架子鼓”“我会弹钢琴”“我会跳拉丁舞”，有的幼儿则会很难为情地说“我没有本领，我不会这些……”。其实，“本领”对于幼儿来讲指的就是“各种各样的能力”，如洗衣、洗碗、打扫卫生等生活能力，唱歌、弹琴、读书等学习能力，拍球、跳绳、踢毽子等运动能力，还有帮助别人、自己的事情自己做等社会能力，而“特长”仅仅是本领的一种。因此，本次谈话活动将内容确定为“我的本领”，旨在通过活动引导幼儿围绕中心话题进行清楚有序的交谈，从而正确认识自己和别人的本领，懂得本领不分大小，掌握本领需要付出努力。

【活动目标】

1. 能用清楚的语言围绕“我的本领”积极、有序地进行交谈。
2. 学习用修补的方式保持和丰富话题。
3. 懂得本领不分大小、不可缺少，掌握本领需要付出努力。

【活动准备】

1. 名人漫画一组：月亮姐姐、姚明、刘谦、刘翔、杨利伟。

① 孙秀红．我的本领：大班谈话活动［J］．山东教育，2012（36）：35-36.（有改动）

2. “幸运大搜索” PPT：教师将幼儿的照片制作成滚动画面，听音乐随意点击停止，画面就会停在某个孩子的照片上。

3. 幼儿展示本领需要的相关材料：实物、照片、作品等。

【活动过程】

一、出示名人漫画，引发谈话兴趣

师：今天老师带来了一些图片，大家看看这些人都是谁？他们都有什么本领？

小结：他们都有不一样的本领。姚明是篮球健将、刘谦是魔术高手、刘翔是奥运冠军、杨利伟是中国航天员，月亮姐姐是小朋友喜欢的主持人。那你们有什么本领？

（此环节设计的目的是通过幼儿感兴趣的名人漫画，打开他们的“话匣子”，引起他们交谈的兴趣和欲望）

二、引导幼儿围绕“我的本领”学习用修补的方法积极有序地进行交谈

1. 幼儿轮流说自己的本领。

（此环节从谈论别人的本领过渡到谈论自己的本领。教师会充分给予幼儿说话的机会，请每个幼儿都说说自己会什么。幼儿可能会说“我会唱歌、跳舞、拍球”“我会帮妈妈扫地，会叠被子，我还会轮滑”等。此时，教师不要对幼儿提出任何的限制和要求，要给幼儿营造一种宽松自由的氛围，让他们畅所欲言，尽情谈论自己的本领）

2. 集中谈论“我最大的本领”。

（1）讨论“最大的本领”。“最大”是什么意思？比如：最拿手、最棒、最厉害、别人没有但我有的。

（此环节主要是集中话题，引导幼儿思考自己最大的本领）

（2）幼儿自由谈论“我最大的本领”。

（此时，教师提供机会请幼儿与小伙伴自由交谈。在这种宽松、自由的环境中，幼儿更能自如、自主地交流。教师要倾听、参与幼儿的谈话，了解不同幼儿的谈话水平，同时要允许幼儿说任何与话题有关的想法。此时，只要幼儿的谈话围绕话题进行，教师就不需要做示范，不给幼儿提示，不纠正幼儿用词造句的错误，让幼儿充分运用已有谈话经验说出自己想说的话。此环节中的同伴交谈能够使幼儿尽快找到并讲出自己最大的本领，为下一步的集中交谈做好铺垫）

（3）用快乐大搜索的方法，集体交流“我最大的本领”。教师运用语言引导、同伴评价、作品呈现、照片辅助、现场展示、教师参与等不同的方式，修补幼儿的谈话，使话题得以延续和丰富。

语言引导：在幼儿谈论自己的本领时，要提醒幼儿不光要说出自己有什么本领，还要告诉大家这个本领是怎样的，如跳绳跳得怎么样，一次能跳多少个，让别人了解得更清楚。

同伴评价：当幼儿表述不够丰富或不知如何表述时，可以请同伴根据生活经验直接用语言对该幼儿的谈话进行补充；还可以请该幼儿进行现场展示，然后请同伴根据该幼儿的本领进行评价，从而使该幼儿的表达更加清楚、完整。

作品呈现、照片辅助、现场展示：对于某些幼儿过于简单的谈话，教师可以通过这三种形式给予支持，帮助幼儿完善表达的内容，使谈话能够继续下去。

教师参与：教师通过自己的参与，继续保持话题，如可以问幼儿“你们觉得老师有什么本领”，引导幼儿结合平日教师解决某种问题的例子来谈，还可以问幼儿“猜一猜老师最大的本领是什么”，营造平等交谈的氛围，从而使整个谈话内容更加丰富。

（4）想办法记住别人的本领，欣赏别人。

师：我们都说出了自己的本领，现在，我们来比一比“谁能记住朋友的本领”。

（此环节是为了引导幼儿关注自己的同伴，更重要的是引导幼儿有意倾听、有意注意）

（5）本领是怎么获得的？如可以通过自己多学习、多努力获得，还可以通过别人帮忙（向同伴学习、互相帮助……）获得。

三、扩展对不同职业本领的认识

出示交警、环卫工人、医务工作者、运动员、消防员、建筑工人的照片，请幼儿说说他们有没有本领，他们的本领是什么。

小结：每个人都有和别人不一样的本领。每种本领都很重要，都是我们生活中不可缺少的。学本领不是一件容易的事，但只要我们慢慢练习、多多练习，就可以掌握很多本领。

【活动反思】

1. 从共同的生活经验入手，让幼儿有话可说。本领对于幼儿来讲并不陌生。每个幼儿对本领的理解是不同的，并且都有丰富的生活经验。因此，这个话题比较容易引起共鸣，让他们能够联系自己的实际生活进行交流，有话可说。

2. 收放自如，使幼儿始终饶有兴致地积极参与交流。在活动中，教师通过“三放三收”，使幼儿始终饶有兴致地参与谈话，提高了积极性和主动性：一放——谈论名人的本领，一收——回到自己的本领；二放——自由交谈各自的本领，二收——集中交谈“我最大的本领”；三放——你记住了谁的本领，三收——集中交流不同职业的人的本领，引导幼儿轮流说、自由说、集中说。

3. 六种策略的有效修补，使话题得以保持和不断丰富。在活动中，尤其是在幼儿集体交流自己最大的本领时，教师运用了语言引导、同伴评价、作品呈现、照片辅助、现场展示、教师参与这六种不同的策略，不断修补幼儿的谈话，帮助幼儿丰富和完善自己的语言，从而清楚地表达自己的想法。

评析：

扫一扫

观点参考

实践反思：

资源链接

小班谈话活动：我像什么动物

大班谈话活动：任务小能手

实践探究

1. 赴幼儿园观摩学前儿童谈话活动，认真记录并概括活动的主要环节，研讨分析其得失。

<table>
<tr><td>观察对象：</td><td></td><td>活动主题：</td><td></td><td>时间：</td><td></td></tr>
<tr><td colspan="6">活动记录：</td></tr>
<tr><td colspan="6">概括主要环节：</td></tr>
<tr><td colspan="6">简要评析：</td></tr>
</table>

2. 确定好对象，完整设计一份谈话活动方案，尝试实践，并进行反思研讨，提出改进意见。

活动对象：		活动时间：	
活动主题：			
活动目标：			
活动准备：			
活动过程：			
活动反思：			

思考与总结

1. 简述学前儿童谈话活动的内涵与特点。
2. 举例说明学前儿童谈话活动有哪些类型。
3. 简述学前儿童谈话活动的维度目标和年龄段目标。
4. 简述学前儿童谈话活动组织的主要步骤。

专题 3

学前儿童讲述活动

学习目标

• **知识目标**

1. 理解学前儿童讲述活动的内涵、特点、类型。

2. 理解学前儿童讲述活动的目标及一般过程。

• **能力目标**

掌握学前儿童讲述活动设计和实施的基本要求。

• **素质目标**

关心学前儿童生活，能根据学前儿童兴趣和需要选取合适的讲述对象，耐心、细心地鼓励和支持学前儿童大胆尝试运用独白式语言连贯完整地进行讲述。

任务导览

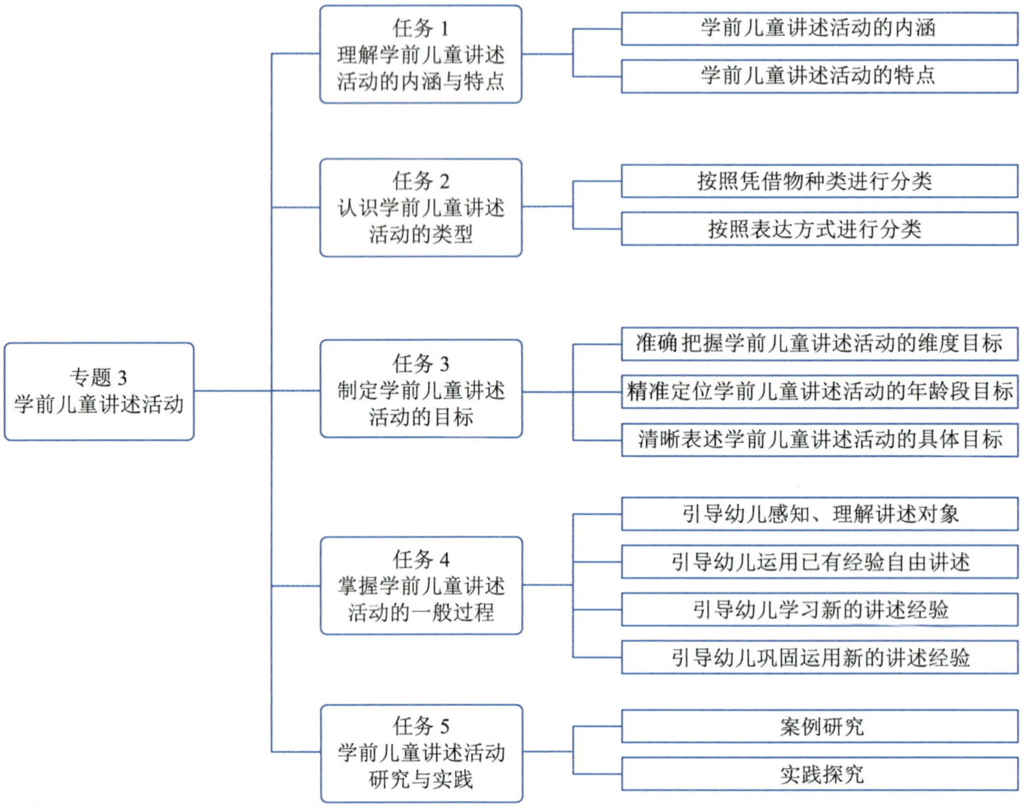

情境导入

在教育实践中，不少幼儿园教师产生过这样的困惑：学前儿童讲述活动与谈话活动似乎没有什么不一样，都是由教师引导幼儿围绕某一对象，在已有经验的基础上进行的互动交流活动。讲述活动究竟具有怎样的内涵，在目标制定、活动方式上究竟与谈话活动有哪些不一样？我们该如何组织开展讲述活动呢？

任务 1
理解学前儿童讲述活动的内涵与特点

任务目标

1. 理解学前儿童讲述活动的内涵。
2. 认识学前儿童讲述活动与谈话活动的区别与联系。
3. 理解学前儿童讲述活动的特点。

知识链接

随着学前儿童语言教育研究的不断深入，人们越来越清晰地认识到，在相对正式的情境下使用的语言，对幼儿未来发展有着重要的影响。在我国，在相对正式的情境下开展学前儿童讲述活动已经成为一种颇具特色的教育活动形式。

一、学前儿童讲述活动的内涵

学前儿童讲述活动旨在培养幼儿的独立构思和表述能力，是指幼儿在教师创设的相对正式的语言环境下，依据一定的凭借物，使用比较规范的独白式语言，比较连贯完整地讲述自己对感知过的事物的认识和感受。

在讲述活动中，幼儿要进行比较严密的思考，使用较正规的语言来表达对某物、某人或某事的认识。也就是说，在讲述活动中，幼儿不能像在谈话活动中那样随意、自由，而是要在思考之后，独立运用准确的语音、恰当的词语、规范的语法，完整表达自己的意思。例如同样是以“春天”为主题，在谈话活动中，幼儿只要能根据自己的经验，随意地说出“我看到小草儿发芽了”“才冒出一点点儿”“尖尖的”“绿色的”“嫩嫩的”“摸上去软软的”等即可；而在讲述活动中，幼儿需要根据图片，将对春天的认识和感受用完整的语言表达出来，可能会说出“春天来了，小草儿发芽了，才从泥土里冒出来，尖尖的，绿绿的，摸上去软软的，舒服极了”这样的语段。

讲述活动运用的是独白式语言。这种语言比谈话语言更为复杂、周密，需要讲述者用比较完整连贯的语言表达自己的思想。在这个过程中，讲述者需要积极调动思维，独立构思讲述的内容、顺序，明确讲述的中心和重点，甚至在讲述过程中考虑别人的感受，及时调整，努力让别人领会、理解自己的语言。因此，讲述活动要求幼儿仔细观察有待讲述的物、事、人，对讲述的对象进行一定的分析、判断、推理。已有研究表明，在讲述活动中，教师为幼儿创造一个相对正式的语言环境，鼓励幼儿在集体面前大胆、清楚地表达自己的想法和感受，尝试描述事物或说明事件的过程，这对幼儿观察、思维、想象能力的发展，以及对其表达的目的性、独立性、创造性和连贯性等的培养，都具有很好的促进作用。

说一说： 什么是学前儿童讲述活动？怎样理解其内涵？

二、学前儿童讲述活动的特点

区别于学前儿童谈话活动的随意、自由，学前儿童讲述活动相对正式、严肃，它为幼儿创设不同于日常交谈的语言情境，鼓励幼儿积极进行命题性质的语言表述，以帮助幼儿逐步积累独立构思和完整连贯表述的语言经验。与其他学前儿童语言教育活动相比，学前儿童讲述活动具有以下几个方面的特点。

（一）学前儿童讲述活动有一定的凭借物

受已有经验和表象积累不足等实际情况的限制，在讲述活动中，幼儿不可能只凭借记忆进行讲述，还需要有一定的提示。因此，在讲述活动中，教师要为幼儿准备或者引导幼儿参与准备讲述的凭借物，如实物、图片、情景等，为幼儿提供讲述对象，明确讲述的内容和范围，激发幼儿讲述的兴趣。这个凭借物不仅是幼儿个人讲述的凭借物，还是集体交流的凭借物。它可以为参与讲述活动的幼儿提供一个集中的指向，大家共同围绕这个特定的对象展开交流。

对不同年龄段的幼儿来说，凭借物使用是有区别的。小班幼儿由于受认知与语言能力的限制，主要进行实物讲述或简单的图片讲述，只要能将实物或图片的主要特征描述得清楚完整即可。中班、大班的幼儿既要针对实物、图片、情境进行充分的讲述，也要运用想象创编出超越原来内容的故事情节，如人物的心理状态、对话、内在动机等。

调查与研究： 赴实践基地开展观察和调研，了解学前儿童讲述活动中会用到哪些凭借物，以及这些凭借物在讲述活动中有什么作用。

（二）学前儿童讲述活动有相对正式的语境

从语言学的角度来看，人们在运用语言传递思想、交流情感、表达某种特定的意义时，总是离不开具体的语境。不同的语境对人们使用语言有不同的要求。也就是说，在一定场合中说话，说什么和怎么说，既与这个场合里其他人的说话内容有关，也与这个场合里其他人说话的方式有关。在这些因素的影响下，人们需要调整自己说话的内容、方式等，以适应特定场合的要求。

学前儿童讲述活动为幼儿提供的是一种相对正式、规范的语境。这种规范主要表现在两个方面：一是语言规范。幼儿需要使用较为完整、连贯、清楚的语言进行表达。二是语境规范。这种语境是经过精心设计和准备的语言环境，属于专门教育活动中的语言学习环境，相对比较正式、严肃。这种正式的语境要求幼儿积极地运用语言，成为主动探索并积极参与的语言创造加工者。

调查与研究： 赴实践基地开展观察和调研，了解在学前儿童讲述活动中教师是如何创设相对正式的语境的，以及这种语境有什么特点。

（三）学前儿童讲述活动旨在培养幼儿的独白式语言能力

学前儿童讲述活动有别于其他类型的语言活动，它要求幼儿使用独白式语言，独自构思和表达对某一方面内容的完整认识，是培养、锻炼幼儿独白式语言能力的主要途径之一，也是对幼儿语言表达能力的一种特别的挑战。

在讲述活动中，幼儿语言交流的对象是不明确的，往往是一个人讲给多个人听，话语相对较长。讲述活动需要幼儿经历独立完整编码到独立完整发码的过程，用完整、连贯的语言将自己的内心感受和体验准确地表达出来，并能得到他人的理解。所谓独立完整编码，即按照所要表达的内容选择词语并组成话语。例如，在讲述“快乐的星期天”时，幼儿需要依据图片确定先说什么、后说什么，大致要打一个“腹稿”，再将认知的信息转化成一连串完整而有意义的语言符号。所谓独立完整发码，即通过自己的发音器官，以口头语言的方式将自己构思的讲述内容表达出来。在学前阶段，幼儿既要发展运用语言与人交往的能力，也要逐步具备一定水平的讲述能力。

调查与研究： 赴实践基地开展观察和调研，了解教师运用什么方法来引导幼儿尝试使用独白式语言。

（四）学前儿童讲述活动需要调动学前儿童的多种能力

在讲述活动中，幼儿需要感知并理解讲述的凭借物，借助对这一对象的认识和已有生活经验，构思自己的独白式语言。这个过程不仅需要幼儿具备语言表达能力，也需要幼儿观察、记忆、想象、思维等多方面能力的共同参与。

调查与研究： 赴实践基地开展观察和调研，了解学前儿童讲述活动对幼儿的能力提出了哪些要求。

拓展阅读

正确区分谈话活动与讲述活动[①]

为了更好地开展语言教育活动，发展幼儿的语言能力，教师有必要正确区分谈话活动和讲述

① 张明红．正确区分谈话活动和讲述活动［J］．幼儿教育（教育科学），2011（3）：24-26．（有改动）

活动，以便在不同活动中选择适宜的活动内容，选择适当的活动方式，从不同方面培养幼儿的语言能力，最终促进幼儿语言能力的全面发展。谈话活动与讲述活动至少在以下几个方面存在明显区别。

一、活动目标

谈话活动注重为幼儿创造运用口头语言与他人交流的机会，主要目标可以定位在：① 增强倾听能力，并能及时从中捕捉有效的语言信息。② 学习围绕特定的话题进行交谈，并能不断扩展谈话内容，层层深入，充分表达个人见解。③ 掌握基本的语言交谈规则，如选择适合个体角色的语言、轮流表达等，以提高语言交往水平。

讲述活动侧重增强幼儿清楚、完整、连贯表述的能力，主要目标可以定位在：① 学习感知并理解讲述对象——凭借物。② 增强独立构思与清楚完整表达的意识和能力，如在集体面前自然大方地讲述、能运用正确的语言内容和形式进行讲述等。③ 提高讲述调节技能水平，如针对听者特征和听者的反馈等调整讲述方式。

二、活动方式

从活动方式看，谈话活动往往是在幼儿已有经验的基础上进行，包括围绕某一主题的谈话活动和开放性的讨论活动等，而讲述活动是幼儿针对某个凭借物（如图片、实物等）进行独立讲述，包括实物讲述、图片讲述、经验讲述等。相比较而言，讲述活动的计划性会更强一些。

三、幼儿语言表达要求

虽然谈话活动和讲述活动都要求幼儿进行口头语言表达，但是谈话活动比较宽松自由，语言形式不拘一格，以说明想法为目的，讲述活动则需要幼儿运用独白式语言，语言须规范、有条理。虽然幼儿年龄尚小，但是他们在讲述活动中同样需要调动多种能力，如观察凭借物、提取已有经验、组织语言等。

四、凭借物的运用

在讲述活动中，凭借物是幼儿讲述的依据。幼儿要运用语言描述凭借物。对凭借物的描述可以做内容方面的充实，但不能任意修改凭借物的主要特征。凭借物有限定幼儿讲述范围的功能。而在谈话活动中，凭借物的出现往往是为了创设一种谈话情境，以引出有趣的话题。幼儿可以在主题范围内尽情发挥，只要不跑题，谈话内容就不受过多限制。

此外，讲述活动需要幼儿具备一定的生活经验。当凭借物出现时，幼儿要迅速搜索已有经验，之后逐渐聚焦凭借物的某一点，讲述相关内容。而谈话活动侧重让幼儿进行发散性思考。幼儿看到凭借物后，要由一个联想到许多，充分调动相关生活经验，最大限度地丰富谈话内容。

讲述活动的语言表达是对凭借物的再现，因此讲述活动要求幼儿以正规的独白式语言进行描述，强调语言运用的准确性。而谈话活动是以凭借物为依托，旨在促成幼儿之间宽松、自由的交流，主要强调幼儿在表达时要言之有物，同时要重视与他人的互动交流。

任务 2

认识学前儿童讲述活动的类型

任务目标

1. 能够从凭借物种类、表达方式等不同维度理解学前儿童讲述活动的类型。
2. 掌握不同类型学前儿童讲述活动的要求。

知识链接

一、按照凭借物种类进行分类

按照凭借物的种类，我们可以将学前儿童讲述活动分为以下几种类型。

（一）实物讲述活动

实物讲述活动是以实物作为凭借物来引导幼儿进行讲述的一种语言教育活动。实物包括了真实的玩具、教具、动植物、日常生活用品和自然景物等。这类事物一般真实可感，特征较容易为幼儿所把握。在实物讲述活动中，幼儿通过仔细观察实物，结合生活经验，把握实物的特征，并将实物的基本特征、用途、使用方法等方面内容清楚地描述出来。

实物讲述活动的基本目标是幼儿完整连贯、条理清晰地进行描述。这个目标的实现是建立在幼儿已经熟悉这种实物的基础上的，因此相关经验的准备是讲述活动顺利开展的前提条件。例如，在开展讲述活动“小型家用电器用处大”前，需要先开展相应的科学探究活动，让幼儿了解常用小型家用电器的种类和作用。幼儿对这些小型家用电器缺乏了解，就必然会导致讲述困难和内容空洞。

说一说： 实物讲述活动有什么讲述要求？

（二）看图讲述活动

看图讲述活动是以图片为对象，引导幼儿通过观察图片来进行讲述的一种语言教育活动。这里的图片包括印刷的图片、绘制的图片等。图片既可以是教师绘制的，也可以是幼儿绘制的；可以是一幅图，也可以是几幅图。由于图片呈现的往往是静止的瞬间画面，在指导幼儿观察、理解、讲述时，教师需要帮助幼儿联想图片之外的形象和相关的情节。

根据图片运用情况和对幼儿语言表达的不同要求，看图讲述活动又可以分为描述性看图讲述活动、创造性看图讲述活动、排图讲述活动、拼图讲述活动、绘图讲述活动等不同的类型。

1. 描述性看图讲述活动

这种类型的看图讲述活动要求幼儿通过观察图片，把握对象的主要特征及对象中不同事物或细节之间的联系，并且运用恰当的语言进行描述，说清楚图片上表现的是什么内容。

2. 创造性看图讲述活动

这种类型的看图讲述活动要求幼儿不仅讲出图片的主要内容，还要根据图片上提供的线索和信息，想象图片中人物或动物形象的心理，以及画面产生之前或画面产生之后发生的事情等，编成简短且有情节的故事，讲出画面上所没有的内容。

3. 排图讲述活动

这种类型的看图讲述活动由教师给幼儿提供一套无序的图片，引导幼儿根据画面的内容，结合自己的理解与想象，按照画面所呈现出来的简单情节，将图片按一定的顺序排好，构成一个完整、连贯的情节，并将故事的内容讲述出来，是发展幼儿判断、推理等思维能力的一种看图讲述活动形式。值得注意的是，由于幼儿理解与思维的方式不同，同样的图片可能会有不同的排序方法，所编故事情节也会有所不同，关键在于幼儿能言之成理、自圆其说。这种方式对幼儿的思维能力、语言能力的要求较高，比较适合大班幼儿。

4. 拼图讲述活动

这种类型的看图讲述活动提供给幼儿的不是直接用于讲述的完整图画，而是一组拼图材料，其中有人物或动物、花草树木、建筑物、天气状况等不同的形象，以及一张大的背景图。幼儿根据一定的主题自由构思，将这些图片摆放或粘贴（用贴绒或磁铁吸附）在背景图上，拼出各种各样的画面，然后编成完整的、有情节的故事，并清楚地表达出来。拼图讲述活动既可以培养幼儿的语言表达能力，也可以锻炼和发展幼儿的创造性思维能力。在不同的年龄段，教师可以为幼儿提供不同复杂程度的拼图，以充分发展幼儿的语言能力和思维能力。在小班阶段，可以为幼儿提供内容相对简单、拼合数量不超过 4 片的拼图。到了大班，随着幼儿的空间知觉能力逐渐增强，手眼协调水平提高，教师就可以提供拼合数量较多的拼图。

5. 绘图讲述活动

这种类型的看图讲述活动将包括绘画在内的泥工、折纸等美术活动与讲述活动相结合，由幼儿自己动手创作讲述所需的材料，然后将这些材料组合成有情节的内容讲述出来。绘图讲述活动一般没有直接提供的凭借物，而是由幼儿根据自己的生活经验，结合掌握的有关知识，独立构思，进行绘图或作品制作，然后再进行讲述。绘图讲述活动一般由两部分组成：一是开展绘画、捏泥、折纸等活动，让幼儿自主创造形象；二是幼儿根据自己所创作出来的形象进行讲述。小班幼儿可以先动手，然后再动口；中班幼儿可以边动手边动口，一边操作一边讲述；大班幼儿可以先讲述，然后再动手操作。

说一说： 看图讲述活动有哪些类型？各有什么讲述要求？

（三）情景表演讲述活动

情景表演讲述活动是引导幼儿凭借对情景表演的观察与理解来进行讲述的一种语言教育活动。它要求幼儿在观看情景表演后，将表演中的形象、情节、对话等内容完整、连贯地表达出来。提供给幼儿观摩的表演形式可以是多种多样的。只要是具备了“角色表演”和“连续活动”特点的表演，如真人表演、木（手）偶表演，或者一些表演视频等，都可以作为情景表演的形式。在活动中，幼儿在观看完表演后要马上将观看到的内容讲述出来。这要求幼儿不仅要具有高度集中的注意力，还要有一定的记忆能力，能够清楚地记住人物、情节、对话、动作等，感受人物的内心情感，并且能理清楚事件发展的过程，有条理地表达出来。这种讲述活动难度较大，更适合中、大班幼儿。

说一说： 情景表演讲述活动有什么讲述要求？

（四）生活经验讲述活动

生活经验讲述活动是引导幼儿将自己经历过的或见到的、听到的事情中记得最清楚、最感兴趣的内容有条理地讲述出来的一种语言教育活动。在这种讲述活动中，幼儿根据自己的亲身经历和印象，结合自己的理解进行讲述，并不是完整地再现事件。这对于发展幼儿的语言概括和组织加工能力具有重要的作用。当幼儿具备了一定的讲述能力，对见闻有了讲述愿望时，讲述活动反过来也会促进幼儿更加细致地观察、思考生活，扩大知识视野，从而正确地理解社会生活。特别是讲述那些有意义的事件，对幼儿的情绪与情感、品德、性格等都会产生潜移默化的影响。生活经验讲述活动可以分为以下两种。

1. 幼儿共同生活经验讲述活动

这种讲述活动是教师有目的、有计划地组织幼儿观察后进行的，在表达方面，要求幼儿采用具有更多的独立性的独白式语言进行讲述。例如，在集体活动后，幼儿讲述“我们在动物园看到了什么”“我们在超市看到了什么”等。

2. 幼儿个人生活经验讲述活动

这种讲述活动比共同生活经验讲述活动的难度要大，对幼儿的记忆、思维和表达能力等具有较为全面的促进作用。幼儿需要从自己的经验中独立地选择适合讲述的内容，自己安排好内容的顺序，选择好适当的词句，完整连贯地讲述出来。受幼儿生活经验的局限，个人生活经验讲述的内容往往比较具体，必须是幼儿生活范围之内的，是他们熟悉的、印象深刻的、感兴趣的。教师应该通过日常谈话，熟悉幼儿生活，了解他们经历过什么、喜爱什么，以便更好地根据幼儿的已有经验确定讲述的题目或范围，如“我最喜爱的玩具（是什么样子的、怎么玩、在哪儿买的）”“我最喜欢的小动物（叫什么、是什么样子、什么地方可爱、爱吃什么）”等。

说一说： 生活经验讲述活动有哪些类型？各有什么讲述要求？

二、按照表达方式进行分类

按照表达方式，我们可以将学前儿童讲述活动分为以下几种类型。

（一）叙事性讲述活动

这是引导幼儿把人物的行为、经历或事件的变化、经过等讲述出来的一种语言教育活动。时间是叙事性讲述内容的重要元素。叙述一件事情就是要把一件事是怎样开始的、后来发展如何、结局怎样讲清楚，这一切都离不开时间线索。在学前阶段，叙事性讲述活动只要求幼儿简洁、清楚地按顺序讲述事情即可。在一般情况下，教师可以利用幼儿经历过和生活中发生过的事情作为材料。这些事情可以是做游戏、玩玩具等刚刚发生的事情；也可以是已经发生过一段时间的事情，如假期里发生的节日趣事、旅游见闻等。这些事情需要幼儿通过回忆、唤醒经验进行讲述。因此，叙事性讲述也称为“经验讲述”。在组织这类讲述活动时，为了唤醒幼儿的记忆，教师可以引导幼儿借助图片等辅助材料来进行讲述。

说一说： 叙事性讲述活动有什么要求？

（二）描述性讲述活动

这是引导幼儿用生动形象的语言，把事物的性质、特征等讲述出来的一种语言教育活动。在学前阶段，描述性讲述活动的重点在于引导幼儿抓住事物的主要特征，初步尝试运用生动、形象的语句，按照一定的顺序进行描述。例如，在讲述“一张照片”活动中，教师可以引导幼儿具体描述照片上的人物是什么样子、正在做什么、表情如何，看了照片以后有什么感受等。

说一说： 描述性讲述活动有什么要求？

（三）说明性讲述活动

这是引导幼儿用简单明了的语言，把事物的特征、功用等清楚地讲述出来的一种语言教育活动。说明性讲述活动强调客观性和科学性，一般不要求幼儿使用生动形象的形容词。例如，在讲述活动“我的小书包”中，教师引导幼儿观察、触摸、展示书包，尝试有序地组织语言，清楚地介绍自己书包的外观特征、内部结构及用途等。

说一说： 说明性讲述活动有什么要求？

（四）议论性讲述活动

这是引导幼儿通过摆事实、讲道理的方式来阐明自己赞成什么、反对什么，表明自己的观点和态度的一种语言教育活动。议论性讲述活动强调说服性、逻辑性和感染性，往往以鲜明的态度、客观的事实、严密的推理为讲述的基本手段。例如，在讲述活动“小动物的家”中，教师展示一些小动物及其相应生活环境的图片，让幼儿讨论：“如果你是这种小动物，你会选择住在哪个家里？为什么？”引导幼儿表达自己的观点，进行简单的辩论，并且学会尊重他人的意见，锻炼自己的思维和语言表达能力。

说一说： 议论性讲述活动有什么要求？

任务3

制定学前儿童讲述活动的目标

任务目标

1. 能够从情感与态度、认知、能力三个维度理解学前儿童讲述活动的总目标。
2. 能够从小班、中班、大班三个阶段理解学前儿童讲述活动的目标要求。
3. 能够根据幼儿年龄特点和特定的话题制定学前儿童讲述活动的目标。

知识链接

学前儿童讲述活动不仅为幼儿提供了独立构思和清楚、完整表达的机会，也对幼儿观察、感知、理解事物，掌握语言表达的基本技巧，养成文明的语言习惯等提出了明确的要求。在开展学前儿童讲述活动指导时，我们一定要根据讲述活动的特点和幼儿语言发展的需要，准确把握学前儿童讲述活动的目标，明确活动的方向和任务。

一、准确把握学前儿童讲述活动的维度目标

（一）情感与态度目标

学前儿童讲述活动致力发展幼儿清楚、完整、连贯表述的能力。这种能力的培养是建立在幼儿对讲述活动具有积极情感及快乐体验的基础上的。没有这种积极的参与意识及参与活动的愉悦感，幼儿必然对活动产生畏惧，甚至退缩。因此，我们将情感与态度目标作为幼儿讲述活动的首要目标。情感与态度目标主要有以下几个。

（1）能饶有兴趣地运用各种感官感知讲述对象。

（2）勇于在集体面前自然、大方地表达自己的想法。

（3）乐于与他人分享自己的观点，体验讲述活动的乐趣。

（二）认知目标

学前儿童讲述活动是建立在幼儿对讲述对象的正确认知的基础上的。如果幼儿无法准确把握讲述对象各内容要素，就难以进行完整、连贯的讲述。例如，叙事性讲述活动中的讲述对象包括时间、地点、人物（包括人物的动作、表情、心理状态，人物之间的关系、对话等），事件的起因、经过、结果等要素。如果幼儿不能对讲述对象有较为清晰的认知，就可能出现讲述得不完整或者没有内容可讲的情况。要想完成讲述任务，幼儿除了要对讲述对象有一定的认知，还要具备关于讲述的相应知识。比如，进行说明性讲述活动时，一般要掌握说明性讲述常见的三种顺序：一是空间顺序，包括从上到下、从近到远、从里到外等。二是时间顺序。幼儿要根据事物生长或

发展的顺序来组织内容，比如，按小动物或植物的生长顺序来讲述其变化。三是逻辑顺序。幼儿要根据事物的逻辑关系来讲述，比如，先说明自己的观点，然后举例子，或者先举例子，然后进行总结归纳等。认知目标主要有以下几个。

（1）能正确地感知并理解讲述的对象和内容。

（2）能掌握讲述的顺序，做到条理清晰、重点突出。

（3）能运用正确的语言内容和形式进行讲述。

（三）能力目标

学前儿童讲述活动为幼儿创设的是不同于日常交谈的语境，组织幼儿进行的是具有命题性质的语言表述，最根本的目标在于帮助幼儿逐步积累独立构思和完整、连贯、清楚地表达的经验，培养幼儿独立构思、独立表述的语言能力。能力目标主要有以下几个。

（1）能够围绕中心，按照一定顺序，有重点、完整地进行讲述。

（2）能够用大于平时讲话的音量和恰当的语调、节奏、手势在集体面前讲话。

（3）能够根据语境的变化调节自己的讲述。

议一议： 你认为学前儿童讲述活动的情感与态度、认知、能力目标有什么区别与联系？

二、精准定位学前儿童讲述活动的年龄段目标

学前儿童讲述活动的开展需要充分考虑不同年龄段幼儿的特点，并有针对性地逐步提高目标要求。

（一）小班（3～4岁）讲述活动目标

（1）能有兴趣地运用各种感官，按照要求感知讲述对象，理解内容简单、特征鲜明的实物、图片或主要事件。

（2）愿意在集体面前讲述，能准确地说出讲述对象的主要特征或主要事件。

（3）能安静地倾听教师或同伴讲述，并用眼睛注视讲述者。

这一阶段的幼儿对讲述对象的感知可能还较为片面。在活动过程中，教师要注意激发幼儿的好奇心，引导幼儿从感兴趣的事物或事件入手，学会运用不同的感官，从多个角度感知和理解讲述对象。同时，还要注意培养幼儿良好的倾听和表达习惯，让幼儿大胆表达自己的见解，学会分享讲述经验，保护幼儿参与活动的兴趣，为逐步培养幼儿的讲述能力打下坚实的基础。

（二）中班（4～5岁）讲述活动目标

（1）养成先仔细观察，然后进行表达的讲述习惯。

（2）能理解图片或情境中展示的事件的顺序，并按一定的顺序讲述。

（3）能主动在集体面前讲述，声音清楚、响亮，句式完整。

（4）能倾听别人的讲述，并能从中学习好的讲述方法。

这一阶段的讲述活动要注意引导幼儿养成良好的观察习惯，学会整体构思，理解并掌握一定的讲述顺序，学会倾听他人的讲述，并做出相应的判断，学习好的讲述方法；引导幼儿掌握讲述

的一般技能，体验讲述活动的乐趣，进一步增强参与讲述活动的兴趣和主动性。

（三）大班（6～7 岁）讲述活动目标

（1）能够积极主动地观察讲述内容，理解讲述对象中所体现出来的人物关系和蕴含的情感思想倾向。

（2）用词准确，能够有重点地讲述事物、图片、情景和经验，突出讲述的中心内容。

（3）在集体面前讲话自然大方，表达完整、流畅、清楚，能根据场合的需要调节讲话的音量和语速。

（4）能认真、有礼貌地倾听他人讲述，乐意说出自己的想法或做出相应的反应。

这一阶段的讲述活动要注意培养幼儿观察的深刻性，重在引导幼儿理解较为复杂的人物或事物之间的关系，想象、揣摩对象的思想情感，并能够根据现场听众的反应适当调节讲话的音量和语速，做到讲述完整、流畅、清楚，重点突出。

议一议： 这三个阶段讲述活动目标有什么区别与联系？

三、清晰表述学前儿童讲述活动的具体目标

在学前儿童讲述活动的准备过程中，首要的工作就是合理制定讲述活动的目标。我们可以根据学前儿童讲述活动总目标和阶段目标，结合具体的活动主题，从情感与态度、认知、能力等维度制定具体的活动目标。

案例

大班说明性讲述活动：食品的食用方法①

【设计意图】

在上学期，我们已与幼儿一起了解了一些食品包装袋上标注的品牌、口味、净含量、QS（Quality Safety，质量安全）标志、垃圾入箱标志、条形码、生产日期和保质期等信息。在这个活动中，我们设想以日常生活中常见但幼儿很少注意的食品包装袋上的食用方法说明为凭借，引导幼儿在阅读和理解的基础上自主地按照操作顺序进行讲述，以锻炼幼儿以独白语言进行讲述的能力，并让他们逐渐学习按要求分主次讲述。

【活动目标】

1. 阅读和理解食品包装袋上的说明信息，学习独立讲述食品说明的内容。
2. 按照食品加工和食用的顺序组织讲述内容，能够分主次讲述。
3. 增强对生活中各种说明书信息的敏感性和好奇心。

① 倪焱，王津. 大班说明性讲述活动“食品的食用方法”及评析［J］. 幼儿教育，2014（1、2）：20-22.（有改动）

【材料准备】

电脑、实物投影仪等电化教具，标有食用方法介绍的食品包装袋（豆奶粉、比萨、爆米花、粉丝、燕麦粥的包装袋），微波炉，演示文稿（内含品牌、口味、条形码、QS 标志、垃圾入箱标志、净含量、生产日期、保质期等文字或符号），卡片条两张（一张写有数字 1、2、3，另一张画有箭头）。

【活动过程】

一、引导幼儿讲述已发现的包装袋上标注的信息

1. 将食品包装袋放在桌子上，引导幼儿自由阅读。

师：请仔细阅读一下食品包装袋上标注的信息，说说有哪些信息是我们已经阅读过的，我们在挑选食品时应该阅读哪些信息，这些信息告诉了我们什么。

2. 出示相关 PPT，引导幼儿在阅读后进行讲述。

幼 1：我看到了食品包装袋上的条形码，刷一下条形码，我们就能知道这种食品多少钱。

幼 2：我看到了食品包装袋上的生产许可标志。没有这个标志，食品就不能生产。

幼 3：我在食品包装袋上看到了保质期。它会告诉我们食品有没有过期。

师：只知道保质期就能知道有没有过期了吗？

幼 4：还要看生产日期。

师：我们要先看生产日期，然后再看保质期，算一算食品有没有过期。食品过期了，我们就不能买了。

幼 5：我看到了垃圾入箱标志，这是环保标志。

幼 6：我看到了净含量。它会告诉我们包装袋里的食品有多少量。

幼 7：还有品牌标志。

3. 教师提示幼儿说出哪些品牌标志是以前看过的，哪些是今天看到的，然后共同阅读这些品牌的名称。

幼：伊利、高乐高、桂格、旺仔……

4. 小结。

师：这些都是我们以前阅读过的食品包装袋上的信息，这些信息在我们挑选商品时很有用。那你们有没有阅读到新的信息呢？

（教师将食品放在桌子上，幼儿自由阅读燕麦粥、爆米花、豆奶粉、麦片、比萨、粉丝包装袋上的信息）

二、引导幼儿自主阅读各种食品包装袋上的图示信息，按照食品食用说明上的操作步骤独立讲述

1. 引导幼儿阅读有关食用方法的图示信息。

师：你阅读到了哪些新的信息？如果我们想食用这些食品，应该阅读哪些信息呢？

幼：食用方法。

2. 引导幼儿独立讲述食品（燕麦粥）包装袋上的食用方法步骤图。

师：我们来讲述一下燕麦粥的食用方法吧。

（教师使用实物投影仪出示步骤图，并请个别幼儿阅读）

师：××阅读到的这个数字表示什么呢？（教师出示写有数字1、2、3的卡片条，请幼儿讲述数字代表的意思）

师（小结）：其实这就是食用步骤。1代表第一步，2代表第二步，3代表第三步。

师：这三步你都读懂了吗？（鼓励幼儿提出自己的困惑，也可以针对一些细节进行提问，如：你从哪里看出倒出了燕麦呢？燕麦倒到了什么地方？取出了多少燕麦呢？你从哪里看出在倒水呢？还有搅拌……）

师（小结）：我好像感觉面前有一碗燕麦粥，好香啊。你们都已经读懂了，下面能大胆地把它讲述出来吗？

幼：我讲述的是燕麦粥。食用方法有三步：第一步打开包装，将一包燕麦倒进碗里；第二步倒点热水，再搅拌一下；第三步就可以喝到香香的燕麦粥了。

师：刚刚我们只阅读并讲述了燕麦粥的食用方法，请你们再来阅读一下剩下的食品包装袋。（以幼儿自主阅读为主）

三、引导幼儿按照食品袋上的食用方法进行操作

1. 请幼儿按步骤讲述比萨的食用方法，同时用微波炉制作比萨。

师：除了加水冲泡，还有不一样的食用方法吗？

幼：用微波炉加工。

师：你们想不想边阅读比萨的食用方法边操作呢？（教师使用实物投影仪出示食品加工步骤图）

师：比萨的食用方法有几步？

幼：三步。

师：第一步做什么呢？

幼：撕开包装袋，取出比萨。

师：你从哪里看出来的？

幼：箭头的方向。

（教师出示画有箭头的卡片，同时请一名幼儿撕开包装袋）

师：第二步呢？

幼：将比萨放在魔法脆盘上，放进微波炉。

师：你怎么知道要放在魔法脆盘上呢？（请一名幼儿将比萨放在魔法脆盘上）

师：第三步，怎么样？（用高火转90秒）从哪里看出在转动呢？

幼：箭头和光束。（教师把食物放入微波炉，并调好时间）

师（小结）：以前我们的比萨都是买来的，今天是你们自己阅读食用方法做的。（趁着用微波炉加工比萨的时间，可以让幼儿一起讲述比萨的食用步骤）看，我们已经制作成功了！

2. 品尝比萨，分享按照食用步骤图操作成功的喜悦。

四、引导幼儿在巩固按食用步骤讲述的基础上分主次讲述食品的特点

师：下面我们来玩一个游戏。我是超市里的“经理”，想请你们来做“小小促销员”。

师：“小小促销员”要先向“顾客”讲述什么呢？

幼：食品的名称、口味等。

师：“顾客”想食用这种食品，我们还要向“顾客”详细讲述什么呢？

幼：食品的食用方法。

［教师给各组分发不同的食品（燕麦粥、爆米花、豆奶粉、比萨、粉丝）的包装袋。幼儿一半做“促销员”，一半做“顾客”。“促销员”需要给“顾客”讲述“促销商品”的特点，让“顾客”有兴趣购买，例如：“我介绍的是豆奶粉，食用方法有四步：第一步将豆奶粉倒进杯子里，第二步倒点热水，第三步搅拌一下，第四步就闻到了香香的热气，就能喝到香香的豆奶了。赶紧来买哦！”］

师：我们今天阅读并讲述了食品包装袋上的又一个信息——食品的食用方法。下次我们再一起去阅读并讲述更多的食品包装袋上的信息吧！

评一评：从讲述活动主题及年龄段的限定性、活动目标维度的全面性、表述的具体性等方面对以上讲述活动的目标进行评析。

扫一扫

观点参考

任务 4
掌握学前儿童讲述活动的一般过程

任务目标

1. 理解学前儿童讲述活动一般过程的基本环节。
2. 掌握学前儿童讲述活动过程各环节的基本要求。

知识链接

虽然学前儿童讲述活动类型丰富多样，但是由于其都是以一个特定的对象为凭借物，以培养幼儿的独白式语言能力为目标，且在相对正式的语境中开展，因此，各种类型的讲述活动在活动过程安排上有着不少共通的地方，这些方面也构成了学前儿童讲述活动的主体内容。

一、引导幼儿感知、理解讲述对象

无论是实物讲述、看图讲述、情景表演讲述，还是生活经验讲述，都必须先从引导幼儿观察入手，帮助幼儿学会观察图片、实物和情境的方法，从而感知、理解讲述的对象。在学前儿童讲述活动中，观察主要是通过视觉通道获取信息。实物讲述、看图讲述、情景表演讲述活动基本都是让幼儿仔细观察实物、图片、情景表演来感知讲述对象，不过，也不排除通过嗅觉、味觉、触觉、听觉等获取信息的可能。例如，在讲述活动“神奇的口袋”中，教师要求幼儿用手触摸口袋里的东西，感知物体的形状、大小、软硬度、材质等，描述物体的特征，猜测是什么。又如，在讲述活动“香香甜甜的水果”中，教师通过看、闻和尝的方式，让幼儿通过视觉、嗅觉、味觉感知水果的特征。再如，在讲述活动“夏天的池塘”中，教师先让幼儿仔细听录音，分辨出各种声响，然后再将各种声音联系起来，想象夏天池塘的环境及发生的事情，从听觉入手感知理解对象。

教师还应根据不同讲述活动类型的特点引导幼儿感知、理解讲述对象。例如：叙事性讲述活动应重点引导幼儿感知、理解事件发生的过程、顺序及人物在其中的作用。教师可以设置“这是什么地方”“是什么时候（或季节）”“图片（或表演）中有谁”“他（她）在干什么”“发生了什么事情”“结果怎样”等问题。描述性讲述活动应重点引导幼儿观察物体和人物的状态、动作及特征等。

调查与研究： 赴实践基地观摩学前儿童讲述活动，说说教师是如何引导幼儿感知、理解讲述对象的，思考还可以怎么做。

二、引导幼儿运用已有经验自由讲述

在幼儿感知、理解讲述内容之后，教师要尽量放手让幼儿自由讲述，给予幼儿运用已有语言经验充分表达和锻炼的机会，开展开放性的讲述实践。

（一）幼儿自由讲述的组织方式

教师可以采用以下几种方式组织幼儿自由讲述。

1. 个别讲述

个别讲述通常由幼儿和身边的同伴结成对子进行一对一的讲述，或者幼儿自主练习讲述。

2. 小组讲述

教师可将幼儿分组，每组一般不要超过 4 人，尽量让每个幼儿都有锻炼机会，并在组内学习分享和交流自己的看法。

3. 集体讲述

教师可让幼儿在集体面前讲述给大家听，但对幼儿讲述的内容、语言等不加以过多限制，而是尽量让幼儿充分自由讲述，发挥讲述的潜能。在幼儿讲述之后，给予其他幼儿发表见解的机会，让幼儿在交流中进一步增强对讲述活动的认识。

（二）幼儿自由讲述的指导

自由讲述不仅可以提高幼儿参与活动的积极性，还可以为教师充分地观察、了解幼儿讲述的水平，提供适宜的指导提供便利。

1. 自由讲述前指导

教师交代清楚讲述的要求，提醒幼儿围绕讲述对象进行讲述。

2. 自由讲述过程中指导

在讲述过程中，当幼儿因为急于表达而说不清楚的时候，教师要提醒幼儿慢慢说，同时注意耐心倾听，给予必要的补充，帮助幼儿厘清思路并清晰地说出来。对于幼儿讲述存在的问题不要急于纠正，可以适当运用提问、插话的方式提醒幼儿，以免降低幼儿自主讲述的积极性。

3. 自由讲述后指导

教师要注意倾听幼儿讲述的内容，发现幼儿讲述的“闪光点”和存在的问题。在反馈阶段，及时对“闪光点”给予表扬，发挥正面引导的作用；对于存在的问题，不宜抓住问题不放，而应当从问题出发，提供改进的方法和策略，真正为幼儿提供切实有效的帮助。

调查与研究：赴实践基地观摩学前儿童讲述活动，说说教师是如何引导幼儿运用已有经验自由讲述的，思考还可以怎么做。

三、引导幼儿学习新的讲述经验

在自由讲述的基础上，教师还可以根据活动目标要求对幼儿提出更高的语言表达要求，引导幼儿学习新的讲述经验，提高幼儿的讲述水平。

（一）讲述经验的一般内容

讲述经验一般包括以下四个方面的内容。

1. 新的词语、句式

讲述活动要求幼儿的语言表达应尽可能做到规范、准确。在活动中，教师要引导幼儿学习运用一些必要的新的词语和句式。比如：表示事物性质或状态的形容词，如高、细、软、白、暖和、活泼等；修饰或限制性动词和形容词；表示范围、程度等的副词，如很、非常、更加、越、也、还、都等；还有一些特殊句式，如“因为……所以……”“不但……而且……”“一边……一边……”等。若这些词语、句式在幼儿平时的口语中很少出现或没有出现过，那么它们就是本次讲述活动的新的经验。这些新的词语和句式，只有结合具体的语境，幼儿才容易理解和运用，并内化为自己的语言经验。

2. 讲述的思路

讲述的思路指的是讲述所遵循的一定的逻辑顺序，如因果逻辑、对比逻辑、类比逻辑等。只有逻辑清楚，才能做到条理清晰。帮助幼儿厘清讲述的思路，能使其整个讲述具有较强的条理性。例如，在看图讲述活动“捉迷藏”中，教师可以按照这样的思路来引导：小熊到草地上来干什么—后来谁来了—他们一起做什么—在捉迷藏的过程中发生了什么事—后来怎样了。在思路指导的过程中，不能仅以教师的示范作为唯一依据，以免导致幼儿丧失思路探究的积极性和创造性。

3. 讲述的全面性

讲述的全面性是指讲述内容的完整性。在讲述活动中，教师要帮助幼儿认识讲述的基本要素。比如，叙事性讲述的内容应包括时间、地点、人物（外貌、动作、对话和心理活动）、事件（发生、发展、高潮、结果）等基本要素，才能确保讲述内容的完整性。例如，在看图讲述活动“好饿的毛毛虫”中，教师可以从某一幼儿的讲述内容入手，“刚才××小朋友讲到了好饿的毛毛虫吃了苹果，它还吃了哪些东西”，引导幼儿进一步梳理故事的细节，完整把握故事内容。

4. 讲述的基本方式

讲述的基本方式主要包括以下几点：一是确定讲述的重点。把握观察、感知、理解讲述对象的重点，知道哪些是主要部分、哪些是次要部分，主要部分要重点讲，次要部分要略讲。二是确定讲述的顺序。无论是看图讲述，还是实物讲述，都要求幼儿按照一定的顺序进行讲述。这种顺序包括从上到下、从左到右、从大到小、从近到远、从表面到本质等。三是确定讲述的语气、语调和语速。根据讲述内容的特点，注意语言的变化，尽可能合理运用不同的语气、语调和语速，适应特定的语境。

（二）引入新讲述经验的方法

教师在引导幼儿学习新的讲述经验时，可以采用下面几种方法。

1. 教师示范引入新的讲述经验

在幼儿自由讲述的基础上，教师以参与者的身份发表自己的见解，供幼儿参考和模仿。例如，在拼图讲述活动中，幼儿自己拼图讲述后，教师重新拼摆图片，组成一个新的完整画面，并构思新的情节讲述出来。教师的示范只是讲述思路的一种，绝不应该成为幼儿复述的模版。

2. 教师提示引入新的讲述经验

在有些活动中，教师可以用提问、插话的方式，导入新的讲述经验。在运用这类方法时，教师要顺应幼儿的讲述，趁机运用提问和插话巧妙引导幼儿的讲述，帮助幼儿学习使用恰当的词句和思路表达讲述对象。教师的提示应该紧扣活动目标，抓住重点、难点，比如，与主题有关的事件、地点、人物等方面的问题，或与具体人物的动作、语言、神态等的描述的有关的问题。

3. 师幼讨论引入新的讲述经验

教师可以从分析某位幼儿的讲述入手，组织大家共同讨论，围绕讲述的思路、讲述的内容、讲述的技能技巧等方面充分发表见解，并帮助幼儿归纳总结，从而引入新的讲述经验。

调查与研究：赴实践基地观摩学前儿童讲述活动，说说教师是如何引导幼儿学习新的讲述经验的，思考还可以怎么做。

四、引导幼儿巩固运用新的讲述经验

在幼儿学习新的讲述经验后，教师还要创造条件，给幼儿提供实践运用新经验的机会，从而让幼儿更好地获得这些经验。这项活动可以作为讲述活动的最后一个环节，也可以作为延伸活动。

（一）巩固讲述经验

在幼儿学习新的讲述经验后，教师可以借助新的情境让幼儿用新的经验讲述同一件事、同一情境、同一实物，激发幼儿讲述的兴趣，让幼儿巩固获得的讲述经验。例如，幼儿学习了看图讲述《狮子和兔子》后，教师可采取多种形式和手段，组织幼儿分组进行巩固性练习：① 制作电视框架道具，引导幼儿扮演“故事大王”节目主持人，轮流向“观众”讲述；② 将相关图片制作成PPT，让幼儿边看边讲述；③ 将幼儿分成若干小组举行比赛，即小组内进行分工，以“接龙”的方式进行讲述，第一个幼儿讲述第一幅图，第二个幼儿接着讲述第二幅图，共同完成讲述。讲述活动还可以延伸到日常生活中的其他环节，如利用晨间、饭后、离园等自由活动时间或在语言区角开展讲述活动，让幼儿充分练习，增强讲述能力。

（二）迁移讲述经验

在幼儿掌握新的讲述经验后，教师可以为幼儿提供同类型的不同对象，引导幼儿用讲述A对象的思路讲述B对象。例如，在幼儿学习了讲述“秋天的菊花”后，教师可以引导幼儿自带不同的花卉，开个小花展，讲述其他花卉，如“秋天的一串红”“秋天的鸡冠花”“秋天的海棠花”等，让幼儿创造性地迁移运用新的讲述经验。教师还可以创设另一个可能发生的情境，激发幼儿的创造性想象，引导幼儿创造性地运用讲述经验。例如，在让幼儿讲述《狮子和兔子》的基础上，将图片中的狮子抓小兔、兔子奔跑、小鹿救小兔的画面制作成可移动卡片，并增加一些背景和其他角色，让幼儿用不同的思路，从不同的角度，想象并设计新的情节，促进幼儿讲述经验的迁移。具体的迁移方式可以是：① 小鹿在草地上玩，看见狮子在追小兔……它灵机一动，想了一个好办法……② 一只饥饿难耐的狮子正在森林里找东西吃，看见一只小羊在吃草，就猛地扑了过去……小兔看见了，心想自己跑得快，应该引开狮子，于是……③ 有一天，小羊、小兔、青蛙在一起做游戏，忽然来了一只狮子……小鹿看见了，想了一个好办法……由于幼儿排列图片的顺序不同，想象出来的情节也不同。这些不同的讲述内容都是建立在原有讲述经验的基础上的。幼儿可以运用在讲述《狮子与兔子》中学到的对狮子张牙舞爪扑向小动物、小动物遇见凶猛野兽的害怕心理及小动物想办法救同伴的心理活动、对话等的描述经验，编成不同情节的故事。

在每次讲述活动中，教师引导幼儿在观察、理解讲述对象的基础上，运用已有经验自由讲述，学习、巩固并迁移新的讲述经验，如此循环往复、实践操练，能够促进幼儿逐步积累讲述经验，不断增强讲述能力。

调查与研究： 赴实践基地观摩学前儿童讲述活动，说说教师是如何引导幼儿巩固运用新的讲述经验的，思考还可以怎么做。

任务 5

学前儿童讲述活动研究与实践

任务目标

1. 认真阅读案例，能够从主题、设计思路、目标、过程等不同方面整体把握学前儿童讲述活动设计的基本要求。

2. 能够对案例进行评析，学习环节设计与安排的“亮点”与特色。

3. 尝试根据方案进行活动模拟，增强自己的活动调控能力。

4. 能结合实践观察与记录，概括学前儿童讲述活动的主要环节，并评价其得失。

5. 确定对象，设计一次学前儿童讲述活动，尝试实践并反思。

案例研究

中班讲述活动：逛三园[1]

【设计思路】

本活动来源于幼儿熟知的电视游戏节目，从幼儿的兴趣出发，主要经历了以下几个环节：① 由生活经验直接导入，引导幼儿回忆，引出电视中“逛三园”的游戏，并集体学习开场白；② 在游戏中，帮助幼儿从“蔬菜园”“水果园”“动物园”入手，由“大家一起逛三园。什么园？蔬菜园。蔬菜园里有什么？蔬菜园里有××”这种问答形式过渡到后半程的“水果园里有×色的××”“动物园里××在××地方干××”的句式，让幼儿的语言从简单的词逐步过渡到简单的短句，从而丰富幼儿的认知与语言。

【活动目标】

1. 在游戏情境中，掌握讲述固定的句式。

2. 巩固对蔬菜、水果、动物名称的认识和发现能力。

3. 在游戏中大胆表现，积极表述。

【活动准备】

知识准备：幼儿已看过江苏电视台少儿频道中“逛三园”的游戏，对其有了一定的认识。

物质准备：PPT 课件、魔法棒、贴纸、“动物园”活动的图片、“水果园”的场景布置。

① 沈静．逛三园：中班讲述活动［J］．教育导刊，2013（Z6）：76-77．（有改动）

【活动过程】

一、由生活经验引出活动主题

1. 师：小朋友们，江苏电视台少儿频道林子姐姐主持的节目《我爱饭米粒》中有个“逛三园”的游戏，还记得吗？

2. 幼儿个别讲述，引出游戏的玩法：大家一起逛三园，什么园？……（问答形式）

3. 师：今天我们也来玩玩这个游戏，不过我们玩的时候可有点不一样哦，我们在逛三园的时候，要说一句好听的话。看，老师带来了两样东西——魔法棒和奖励贴纸。魔法棒点到谁，谁就来参加游戏，而且我们在游戏中不惩罚，只要讲得正确，就有奖励贴纸哦。

（评析：从幼儿喜欢、熟悉的生活游戏中引出本次活动的主题，不仅易于幼儿接受，还能激发幼儿的活动兴趣。魔法棒和奖励贴纸的运用能充分调动幼儿活动的积极性。）

二、组织幼儿参与游戏，鼓励幼儿大胆讲述句式“蔬菜园里有××”“水果园里有×色的××”

1. 师：好，逛三园的游戏开始了，看看我们逛的第一个园是什么。

2. 展示 PPT 课件，引出“蔬菜园”，纠正发音。

3. 教师与幼儿一起讲述游戏开始时的句式“大家一起逛三园。什么园？蔬菜园。蔬菜园里有什么？”

4. 根据教师指到的蔬菜（放大 PPT 照片），幼儿集体学说“蔬菜园里有××”。

（评析：从简单、常见的蔬菜入手，让幼儿在基本掌握问答形式的语言结构的基础上，简单讲述短句，锻炼语言能力。）

5. 组织幼儿游戏“逛三园”。

① 教师点动魔法棒，鼓励被指到的幼儿来讲述“蔬菜园里有××”的句式，给讲述正确的幼儿奖励贴纸。

② 教师过渡：“蔬菜园”逛完了，看看第二个园是什么。

③ 组织幼儿起立来到“水果园”，鼓励幼儿每人“采摘”一个“水果”。

（评析：这个环节增添了魔法棒，活跃了游戏气氛，采用自由“采摘”的形式，达到了动静结合的活动目的。）

④ 师：逛三园的游戏又开始了。这一回，你来讲的时候，除了讲出“水果园”里的水果，还要讲出水果的颜色哦。

⑤ 教师点动魔法棒，鼓励被指到的幼儿讲述“水果园里有×色的××”的句式。给讲述正确的幼儿奖励贴纸，并请幼儿将水果送上来。

⑥ 根据教师指到的水果（放大 PPT 照片），幼儿集体讲述“水果园里有×色的××”的句式，巩固认识。

（评析：在这一环节的游戏中，运用“水果园里有×色的××”的句式，增加了语言讲述的难度，也使活动层层递进。）

三、鼓励幼儿完整讲述“动物园里××在××地方干××”的句式

1. 教师过渡：“水果园”也逛过了，请小朋友们猜猜第三个园是什么。

2. 组织幼儿分散观察“动物园”的图片，给予个别指导，鼓励幼儿用好听的词语来讲述。

3. 组织幼儿第三次玩游戏“逛三园”，玩法同上，巩固“动物园里××在干××”的句式。教师根据幼儿个别讲述的内容，利用PPT展示大图。

4. 教师鼓励幼儿讲出“动物园里××在××地方干××”的句式，并加上感叹词。

5. 幼儿集体讲述，巩固句式的学习，学习个别感叹词。（采用分组比赛的形式，让幼儿在一定时间内根据展示的图片，进行讲述接龙比赛。）

（评析：逛“动物园”的游戏环节是本次活动的重点。一方面，直接展示PPT图片，且有一定的时间限制，加大了游戏的难度；另一方面，将短句的学习进行了扩充，使语言的内容更为丰富。采用竞赛的形式更能激发幼儿参与的兴趣。）

四、放松活动

师：我们一连逛了三个“园”，也有点累了，回去好好休息休息吧。（带领幼儿做放松动作退场）

案例评析：

扫一扫

观点参考

实践反思：

资源链接

扫一扫

小班图片讲述活动：吃苹果

扫一扫

大班说明性讲述活动：螃蟹

实践探究

1. 赴幼儿园观摩学前儿童讲述活动，认真记录并概括活动的主要环节，研讨分析其得失。

观察对象：		活动主题：		时间：	
活动记录：					
概括主要环节：					
简要评析：					

2. 确定好对象，完整设计一份讲述活动方案，尝试实践，并进行反思研讨，提出改进意见。

活动对象：		活动时间：	
活动主题：			

续表

活动目标：
活动准备：
活动过程：
活动反思：

思考与总结

1. 学前儿童讲述活动有什么特点？这与学前儿童谈话活动有哪些区别？
2. 学前儿童讲述活动有哪些类型？
3. 简述学前儿童讲述活动的维度目标和年龄段目标。
4. 学前儿童讲述活动组织的主要步骤是什么？

专题 4

学前儿童文学活动

学习目标

- **知识目标**

1. 理解学前儿童文学活动的内涵、特点及类型。
2. 理解学前儿童文学活动的目标及一般过程。

- **能力目标**

掌握学前儿童文学活动设计和实施的基本要求。

- **素质目标**

关心幼儿生活，能根据幼儿兴趣和需要选取合适的文学作品，认真进行活动的设计与准备，耐心细致地引导幼儿充分感受、理解、体验、表现文学作品，促进幼儿的语言能力的发展。

任务导览

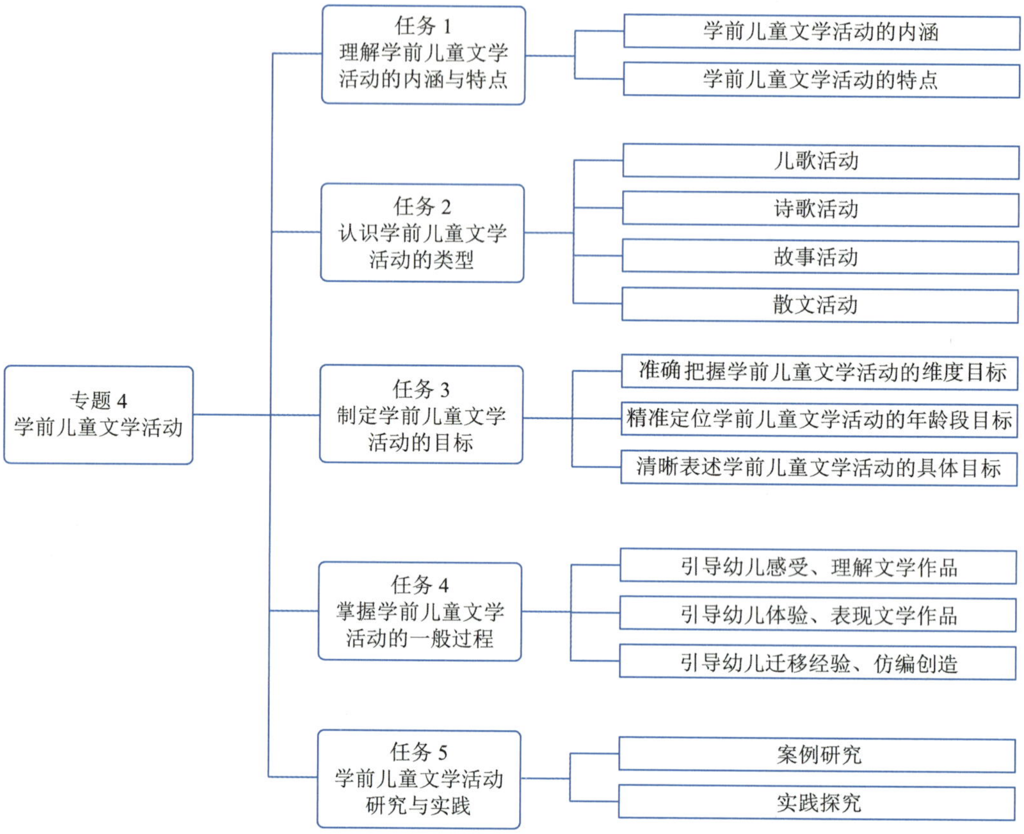

情境导入

有人认为学前儿童文学活动就是让幼儿学会倾听和理解，教师念儿歌、讲故事，幼儿跟着念或者讲，然后教师提问题，幼儿回答问题；有人认为学前儿童文学活动就是通过文学作品对幼儿进行思想品德教育，让幼儿懂得作品中蕴含的做人道理；有人认为学前儿童文学活动就是审美教育的一种手段，可以让幼儿发现美、感受美和表现美；有人认为学前儿童文学活动就是让幼儿学会创编儿歌、故事，发展幼儿的创造力……

学前儿童文学活动究竟是什么？它有怎样的特点和类型？我们又应该如何组织开展学前儿童文学活动呢？

任务1 理解学前儿童文学活动的内涵与特点

任务目标

1. 理解学前儿童文学活动的内涵。
2. 理解学前儿童文学活动的特点。

知识链接

儿童文学历来是儿童喜闻乐见的一种艺术样式。无论是朗朗上口的童谣、生动有趣的故事，还是充满神奇幻想的童话、富有韵律节奏的诗歌、抒写生命体验的散文，它们都以独特的审美符号契合幼儿的兴趣，对于丰富幼儿的语言经验、促进幼儿的健康成长具有重要意义。学前儿童文学活动渗透在幼儿的日常生活中，以其丰富的艺术意蕴和多元的教育功能，获得了学前儿童教育工作者的青睐，成为学前儿童教育不可或缺的重要组成部分。

一、学前儿童文学活动的内涵

学前儿童文学活动包括了日常生活中的学前儿童文学活动与幼儿园中的学前儿童文学活动。一般来说，日常生活中的学前儿童文学活动往往带有很强的自发性、偶然性和随机性，表现为一种多向度的无序活动。而幼儿园中的学前儿童文学活动是根据幼儿学习与发展的需求，选择与幼儿心理发展水平及接受能力相适应的文学作品，有计划、有组织地开展的教育活动。本书介绍的主要是幼儿园中的学前儿童文学活动。

作为学前儿童语言教育活动的一种重要类型，学前儿童文学活动是以文学作品为基本教育内容而设计组织的语言教育活动。它从某一个具体的文学作品入手，围绕这个作品开展一系列相关活动，为幼儿创设学习运用文学语言的情境，激发和调动幼儿的语言学习热情，促进幼儿学习与积累文学语言，体验文学语言的形象性和审美的多样性，增强幼儿的语言感受和理解能力，培养幼儿对语言艺术的兴趣和敏感性，启发和丰富幼儿的想象力，帮助幼儿养成从审美角度审视和构建语言的习惯。

说一说： 什么是学前儿童文学活动，它与日常生活中的谈话活动有什么不一样？

二、学前儿童文学活动的特点

幼儿对文学作品似乎有着与生俱来的喜爱。他们对儿歌、故事和童话等语言艺术形式往往表现出强烈的好奇心和无限的热情。要想让幼儿保持对文学的这份喜爱，并且在文学活动中发展语言能力，我们首先就需要把握学前儿童文学活动的特点。

（一）离不开教师的调控和引导

虽然欣赏文学作品是幼儿的内在需要，幼儿对文学作品也有自己独特的审美趣味，但是，幼儿由于生活经验不足，理解水平较低，基本不具备书面语言能力，在接受文学作品的过程中，具有“间接性”和“受动性”，在很大程度上离不开成人的帮助和指导。因此，在文学活动中，教师是联系幼儿与文学作品的重要纽带。教师不仅要直接领悟文学作品的艺术魅力，能够分析判断作品的教育价值，还要重塑童心，破译文学语言的艺术密码，具有高超的文学艺术传达技巧，成为引领幼儿进入文学世界的使者，调控和引导文学活动的方向，让幼儿在活动中充分体验和感受文学的趣味。

议一议： 在文学活动中，教师应发挥什么样的作用？

（二）围绕具体文学作品展开活动

学前儿童文学活动最突出的特点是从具体的文学作品入手开展活动。这些作品必须契合幼儿的欣赏趣味和欣赏水平，符合幼儿的年龄特征和心理需求，能够为幼儿所接受和喜爱。优秀的文学作品以一种不同于一般口头语言的形式来呈现，具有一定的艺术性和完整性，是语言艺术的结晶。每一个具体的文学作品，无论是儿歌、诗歌、故事，还是散文等，都蕴含着丰富而独特的语言信息。与其他形式的语言教育活动相比，文学活动中幼儿感受的对象具有形象生动、节奏韵律感强等艺术特点。通过具体的文学作品，幼儿可以感受形式多样、内容丰富的语言信息，并围绕作品交流表达自己的理解和感受，从而为扩展和积累词汇、丰富语言的内容、培养纯正的语言感知能力和表达能力奠定基础。

拓展阅读

学前儿童文学活动作品选择的基本要求①

1. 作品中的形象鲜明生动。

学前儿童文学作品塑造的形象要活灵活现，不论是人物还是小动物，都要抓住其外部特征，写出其神态和动作。如《小白兔》前两句主要写了小白兔的神态和外部特征，后两句重点描述了小白兔的动态和习性。这些生动形象的描写增加了作品的艺术感染力和表现力，也深受幼儿的喜爱，激发了幼儿学习的兴趣。

① 张明红．学前儿童语言教育［M］．修订版．上海：华东师范大学出版社，2006：189-190．（有改动）

2. 作品结构简单，情节单纯而有趣。

由于幼儿对事物相互关系的理解往往比较简单，且停留于表面，很多文学作品多采用“开门见山”的方式，如《狼和小羊》中一只羊在河边喝水，一只狼走过来说：“这河里的水是我的，你为什么喝我的水?”这样一下子就把幼儿吸引到故事的情节中了。

3. 作品的语言浅显易懂、具体生动。

根据幼儿理解词义的特点，他们难以准确地理解抽象水平很高的词汇，比较容易理解一些反映事物具体特征的词汇。如：幼儿能理解“山路高低不平”，但不一定理解“山路崎岖不平”；能理解“心里难过”，不一定理解“心情不好”。因此，教师在为幼儿选择文学作品时，一定要对作品的用词进行分析。教师可以在不影响作品原意的前提下稍加改动，且句子要尽量口语化，多用简单句、主动句、短句，少用复杂句、被动句或长句。

4. 作品的题材以学前儿童熟悉的生活为主。

第一，教师应为幼儿选择多种题材的作品，让沉淀在文学作品中的大量间接经验与幼儿发生相互作用。如蕴含哲学启蒙知识的《小马过河》，主要说明要亲自实践调查研究，具体事情具体分析。又如《谁的本领大》，主要说明每个人的优势都是相对的，各有各的长处。教师有时可以选择一些经典或传统的文学作品，还有反映人类智慧和勇气、诚实等美德的文学作品，如《曹冲称象》等。第二，从审美教育角度考虑，教师应选择各种体裁的作品。儿童诗及儿歌情感洋溢、想象丰富、语言含蓄而凝练，集中体现了文学语言的形式美的特征。故事有引人入胜的情节，有拟人、夸张、象征的表现手法所塑造的个性化的人物形象，有人物活动的特定时空环境，有重复变化、多样统一、均衡、完满的整体结构。它的思想情感和情节能引起幼儿的情感共鸣。散文能帮助幼儿在感受意境美、情感美的同时，提高对自然美、社会美的敏感度。第三，教师应适当选择名人名著。这一类作品一般是美的形式和真、善、美的内容高度统一的典范。

议一议： 学前儿童文学活动为什么离不开具体的儿童文学作品?

（三）整合相关的生活知识和经验

文学作品本身就是一个复合体，除了语言知识，还包含丰富的人文、社会知识和自然科学知识。学前儿童文学活动以提升幼儿语言素养为主要目标，但由于幼儿知识、经验有限，教师在为幼儿提供语言学习机会的同时，还应该借助具体的文学作品开阔幼儿的眼界，丰富幼儿的生活知识和经验，帮助幼儿认识自我和理解周围世界，掌握社会准则。因此，在开展文学活动时，教师要以文学作品为基础，整合相关的生活知识和经验及与之相关的其他领域内容形成系列活动，促进幼儿更好地理解文学作品，感受和领悟文学语言的艺术韵味。

议一议： 在文学活动中，我们该如何处理好文学活动与幼儿的生活知识和经验之间的关系?

（四）提供感受文学的丰富途径

学前儿童文学活动不是一遍遍地讲述、背诵文学作品，也不是机械地提问和回答，而是幼儿感受与理解、想象与表达、体验与操作的愉快过程。在文学活动中，教师不仅需要选择和提供优秀的文学作品，还需要运用音乐、美术、戏剧等表现形式，通过声音、图片、背景音乐、简单道具、情境表演等，对文学作品进行“二次创作”，并且通过开展倾听、讨论、操作、游戏、表演等活动，引导幼儿动眼、动耳、动口、动手、动脑，从而更好地感受文学作品中生动的形象，进入优美的意境，受到艺术语言的感染和熏陶。

拓展阅读

幼儿文学作品学习的多种呈现方式①

一、运用静态图片呈现关键内容

在文学活动中，教师可以制作一些惟妙惟肖的图片，形象地展示文学作品情节和人物的关键场景。如针对故事《下雨啦》，我们可以为小白兔、小黄狗、小青蛙、娃娃绘制相应的画像，在幼儿了解故事内容之前，先展示事先制作好的图片，引导幼儿观察并想象、预测、假设故事的发展。尽管这些图片不像连续动画一样提供完整的故事情节，但是幼儿可以在图片的提示下，充分发挥自己的想象力，从而更好地激发阅读的兴趣。

二、利用声音材料呈现作品内容

为了让幼儿更好地感受作品，教师可以声情并茂地讲述，或利用已有的录音材料，引导幼儿聚精会神地听。通过“一讲一听”这种传统的方式，在成人与幼儿之间架起一座情感、语言交流的桥梁，从而使师幼间的感情更加融洽，幼儿的倾听能力也得到有效的培养。

三、采用实物投影仪展示作品画面

教师可以用实物投影仪把体现文学作品主要内容的图片依次呈现在幼儿面前，让幼儿观看之后，对故事发生的地点、人物、情节有大致的了解，在脑海中形成故事发展的主要脉络。不仅如此，这些画面还可以吸引幼儿听故事的注意力，促进幼儿之间思想的交流与互动。

四、运用多媒体动画呈现作品意境

运用多媒体手段，将文学作品的内容以直观、形象的声像画面展现出来，有利于幼儿直接感知和体验。例如，在小班诗歌活动“春雨”中，教师运用多媒体课件展示作品，先播放滴答滴答的下雨声，接着播放配乐诗朗诵《春雨》，同时把与之相配的动画画面依次呈现在屏幕上：春雨下着，种子从泥土中长出小绿芽；梨树开出了小白花；青青的麦苗慢慢地长高；小朋友在播撒种子。这一幅幅形象、生动、美丽的画面配以优美的配乐诗朗诵，立刻将诗歌的整体意境呈现在幼儿眼前，给他们带来了极美的视听享受，使他们不由得进入了学习的最佳状态。幼儿的思维是具体、形象的，优美的画面能帮助他们很快理解诗歌的内容。教师问道：“下小雨了，有谁在说话？”幼儿马上说：“种子、梨树、麦苗、小朋友。”接着教师又问：“他们是怎么说的？”并将一幅幅画面展现、定格，幼儿则相继说出种子发芽、梨树开花、麦苗长高、小朋友种瓜的诗句。当教师再次

① 张明红．给幼儿园教师的 101 条建议：语言教育［M］．南京：南京师范大学出版社，2007：133-135.（有改动）

完整地操作多媒体课件时，幼儿已经能跟着朗诵整首诗了。

五、利用情境表演作品内容

在文学活动中，角色扮演有助于幼儿结合自己的生活经验，在感知每一个角色的内心活动、情感变化中，深化对故事的理解，在表演的过程中实现再创造。例如，在“下雨啦”这一活动中，大班幼儿把精心彩排的故事展示给弟弟妹妹看，将故事中的角色带到中班幼儿身边。漂亮的服饰、优美的肢体语言、形象的道具让中班幼儿陶醉在故事的情境中，而大班幼儿在演绎作品的过程中不仅获得了被认可的成就感，也获得了学习的乐趣。由此可见，幼儿学习文学作品后的表演活动潜移默化地激发了他们的阅读兴趣，也增进了他们对作品内容的理解。

调查与研究： 赴实践基地开展观察与调研，了解在学前儿童文学活动中教师通过哪些途径和方法引导幼儿感受文学作品，以及幼儿对哪些途径和方法特别感兴趣。

（五）扩大学前儿童自主活动的范围

学前儿童文学活动离不开教师的调控和引导，而调控和引导的目的在于为幼儿开展自主的文学学习提供支持和帮助。可以说，教师的调控和引导是学前儿童文学活动的基本保障，自主活动是学前儿童文学活动的根本目标。在文学活动中，教师要创造条件，激发幼儿的学习兴趣，扩大幼儿自主活动的范围，引导幼儿围绕文学作品开展自由的讨论、操作表演和仿编创造，让幼儿动手、动嘴、动眼、动脑，积极主动地学习语言，增强语言学习能力。

调查与研究： 赴实践基地开展观察与调研，了解在学前儿童文学活动中教师为幼儿提供了哪些自主活动，以及这些活动对幼儿的语言学习有哪些帮助。

任务 2

认识学前儿童文学活动的类型

任务目标

1. 了解学前儿童文学活动的不同类型。
2. 理解不同类型学前儿童文学活动的特点及要求。

知识链接

文学作品是一个笼统的概念，它包含了诸多不同种类、不同特征的文学样式。在开展学前儿童文学活动时，我们要充分考虑不同体裁的文学作品对幼儿学习的不同要求，按照文学的内在规律寻找适当的途径，关注文学的本质特征，引导幼儿学习、理解具体的文学作品。根据幼儿喜闻乐见的文学作品体裁，我们可以将学前儿童文学活动分为儿歌活动、诗歌活动、故事活动、散文活动等类型。

一、儿歌活动

儿歌是"儿童歌谣"的简称，也称为"童谣"。作为一种古老的文学样式，在世世代代的口耳相传中，儿歌逐渐形成了一定的手法和格式，如摇篮歌、数数歌、绕口令、问答歌、连锁调、颠倒歌、谜语歌等，在艺术手法上也多用拟人、重叠、反复、起兴、排比、夸张、对比、问答、幻想等。这些格式和技法在不断的传承和变革中，逐渐为幼儿所喜闻乐见，成为最能体现"儿歌味儿"的重要标志。儿歌的文体特点是在历史发展过程中逐渐形成的，具有规范化的意义。儿歌的内容会随着时代的发展不断更新。

儿歌是一种适合幼儿聆听吟唱的诗歌类文体。开展儿歌活动，引导幼儿念唱、欣赏儿歌，不仅可以带给幼儿语言学习与运用的快乐，也能让幼儿从中获得认知、品德等多方面的发展。

拓展阅读

儿歌活动的一般要求

1. 联系生活，促进理解。

我们首先要注意把握儿歌的审美特质，探究儿歌是如何从日常生活出发，把要说明的事物表述得生动形象、通俗易懂的；然后引导幼儿将已有的生活经验与儿歌中的事物进行联系、比照，产生丰富的联想和想象，感受作品的意趣。

例如，金近的《桃花》：

桃花，桃花，/张开嘴巴，/只会笑，/不说话，/红红的嘴巴，/像个小娃娃。

在活动中，教师要引导幼儿从日常生活出发，感受桃花美丽的形象及看到桃花盛开时的美好心情，将桃花与小娃娃高兴时的面部表情相联系，产生联想，抓住二者娇美可爱、让人愉悦的共同特征，从而领会儿歌所传达出来的生动形象和喜悦心情。

2. 朗读欣赏，感受特色。

儿歌具有节奏明快、韵律和谐、朗朗上口、易懂易记的特点。在活动中，朗读是领略、欣赏儿歌之美的最重要、最基本的途径和方法之一。与幼儿一起有感情地朗读儿歌，帮助幼儿正确发音，把握儿歌的节奏、韵律，让幼儿从口头诵读和听觉感受中获得美感，达到“顺口美听”的效果，这是儿歌教学不可或缺的基本环节。

3. 丰富体验，鼓励仿编。

儿歌学习需要朗读，又不全是朗读。教师要发挥儿歌歌戏互补的特点，配合动作、表情及互动游戏，丰富幼儿的体验，让幼儿更好地感受儿歌明快、风趣的语言风格。在浓郁的艺术氛围中，教师还可以进一步激发幼儿的想象力，引导幼儿联系生活实际，进行儿歌的仿编和创造。

调查与研究： 赴实践基地开展观察与调研，说说儿歌活动怎样才能体现出应有的“儿歌味儿”。

二、诗歌活动

儿童诗歌是以幼儿为接受对象，适合幼儿听赏吟诵的自由体短诗。由于受幼儿识字量和语言理解能力的限制，儿童诗歌多采用口语，并将口语与音乐性结合起来。与儿歌注重念唱不同，儿童诗歌侧重吟诵，注重意象与意蕴的展示及情感的表达。幼儿往往以不同于成人的视角和态度来看待生活和世界，这决定了他们与成人不同的认知和审美趣味。儿童诗歌传达着幼儿的心声，往往站在幼儿的立场，以幼儿的视角抒发感情，营造出一种特有的艺术境界。

优秀的儿童诗歌在形象、意蕴、结构、语言等方面展现出丰富的审美价值，是幼儿开展文学阅读和鉴赏的重要对象。教师可以通过引导幼儿感受形象、领悟情感、再现意境等，让幼儿受到感染和熏陶。

拓展阅读

诗歌活动的一般要求

1. 反复朗诵，体会诗歌的情感。

诗歌与其他文学样式有所不同，它更接近音乐和舞蹈。音韵和节奏是它表达情感的外在形式，而体会音韵和节奏的最好办法就是朗诵。教师要引导幼儿通过朗诵体会诗歌的情感。

2. 感受意象，领悟诗歌的意境。

诗歌的语言十分凝练，其表达的意象之间的跨度有时较大。在阅读欣赏诗歌的过程中，教师需要调动幼儿的生活经验，提供多样的呈现方式，激发幼儿丰富的想象，让幼儿建构意象之间的联系或填补诗歌中的“留白”，从而感受诗歌意象，再现意境，理解诗歌的情感和意蕴。

诗歌活动是学前儿童文学活动中较为典型的活动形式之一。它与儿歌教学最大的不同就在于它更加强调语言的情感之美、意象之美。诗歌活动应当自始至终围绕一个“情”字，以情动人，以情育人，引导幼儿进入诗歌的意境，唤起他们的想象和联想，让他们的感情和诗歌的意境融合在一起，让他们在朗诵、想象和创造中体会诗歌的语言美和音乐美。

调查与研究： 赴实践基地开展观察与调研，说说诗歌活动怎样才能体现诗歌的情感之美、意境之美。

三、故事活动

故事是一种以叙述事件为主，具有情节和人物形象，比较适合口头讲述的文学体裁。幼儿故事包含的种类比较广泛，这里指的是适合幼儿欣赏的篇幅短小的各类叙事性作品，主要有童话故事、生活故事、历史故事、民间故事、寓言故事等。故事是幼儿非常喜欢的一种文学形式。故事讲究悬念，其跌宕起伏、一层层展开的情节，能够让幼儿获得心理上的愉悦和满足。适合幼儿欣赏的故事，一般篇幅较为短小，情节生动有趣，形象鲜明生动，语言规范优美，主要以童话故事和儿童生活故事为主。

作为学前儿童语言教育活动的重要组成部分，故事活动有其自身的任务和要求，重点在于让幼儿倾听、理解和创编故事，培养幼儿的语言能力。

拓展阅读

故事活动的一般要求

1. 把握情节结构。

在一般情况下，儿童故事的情节简单、线索清楚。在故事活动中，教师要引导幼儿感受由故事情节推进所带来的审美愉悦感，弄清楚事件的来龙去脉，把握故事的主要情节，并在此基础上复述故事。

2. 领会人物形象。

在阅读故事的过程中，教师要从拟人、夸张、颠倒、象征等艺术手法的具体运用入手，引导幼儿抓住人物形象的语言、动作等，发展对人物形象的理解能力和概括能力，领会人物形象的内心世界和性格特点，了解作品的深层意蕴，领悟作品的主题。

3. 品味语言魅力。

故事总是通过语言来表达的。不同内容、不同风格的作品，其语言风格也各具特色。为了更好地表现人物形象和主题，这些作品或清新淡雅，或深情温婉，或幽默风趣，营造出独特的艺术氛围。在引导幼儿把握情节结构、领会人物形象的同时，教师还要引导幼儿关注语言，体会不同风格语言带来的不同感受。

调查与研究： 赴实践基地开展观察与调研，说说故事活动怎样才能引导幼儿感受故事的情节、形象、语言的魅力。

四、散文活动

儿童散文是专为幼儿欣赏而创作的一种文学体裁，它抒写真情实感，篇幅短小。儿童散文也许没有完整的故事情节和奇异的想象，但有着真挚的感情和优美的意境。

儿童散文以多样的内容、丰富的情感和优美的意境给读者以美的享受。准确把握散文的文体特征和内在特质是开展散文活动的内在要求。

拓展阅读

散文活动的一般要求

1. 领悟真情。

儿童散文充满了童心，饱含童稚之情，体现作家的个性。开展散文活动时，教师要能联系生活经验，带领幼儿进入字里行间，感受文字的内涵，领悟其中的情感。

2. 把握结构。

在散文活动中，教师要引导幼儿厘清作品表情达意的主要思路，认识作品的结构与主旨之间的关系，更好地领会作品的意蕴。

3. 品味语言。

品味语言是从作品中获得审美感受的前提条件。在阅读散文时，教师要引导幼儿仔细体会作品的语言特点，揣摩作家选择词汇的意图，以及修辞手法运用的效果，弄清楚语言特点对表情达意的实际意义。

调查与研究： 赴实践基地开展观察与调研，说说散文活动怎样才能体现儿童散文在形象、意蕴、结构、语言等方面的审美价值。

任务 3

制定学前儿童文学活动的目标

任务目标

1. 能够从情感与态度、认知、能力三个维度理解学前儿童文学活动的总目标。
2. 能够理解小班、中班、大班三个阶段学前儿童文学活动的目标要求。
3. 能够根据幼儿年龄特点和特定的话题制定学前儿童文学活动的目标。

知识链接

儿童文学作品语言规范优美，是幼儿学习的优质语言资源。幼儿在学习文学作品的过程中能培养综合的语言能力，增强不同层次的语言敏感性。《指南》就对学前儿童提出了“能初步感受文学语言的美”的明确要求。文学作品具有丰富的内涵，对幼儿发展具有多方面的促进作用。这里仅从其促进幼儿语言能力发展的角度，探讨开展文学活动的目标要求以及具体目标的表述。

一、准确把握学前儿童文学活动的维度目标

（一）情感与态度目标

幼儿对文学有一种天然的需求，一方面他们可以从文学中获得成长所必需的知识和经验，另一方面他们还可以获得一种维系心理健康所必需的精神享受。因此，在文学活动中首要的任务就是培养幼儿的文学兴趣，让幼儿喜欢文学，这样才能使其受到文学熏陶，养成从审美角度审视和构建语言的习惯。学前儿童文学活动的情感与态度目标主要有以下几个。

（1）喜欢欣赏不同体裁和不同风格的文学作品。

（2）乐于参加文学活动，并在活动中大胆表现自己。

（3）感受文学作品的美，体验文学作品所蕴含的情感。

（二）认知目标

儿童文学作品通过艺术形象来反映现实生活，与一般文学作品一样，是在对现实生活提炼、概括的基础上，反映现实生活的语言艺术。因此，在学前儿童文学活动中，教师要充分发挥文学作品对幼儿思想品德、知识、语言、美感等多方面的影响作用，引导幼儿明白事理，不断积累语言，初步区分不同类型的文学作品，了解不同的语言艺术风格。学前儿童文学活动认知目标主要有以下几个。

（1）丰富与作品相关的社会知识。

（2）扩展词汇，了解各种句型句式，积累文学语言。

（3）感受儿歌、故事、诗歌、散文等文学体裁的不同特点，了解文学语言的多样性和丰富性。

（三）能力目标

在能力方面，学前儿童文学活动首先要引导幼儿集中注意力、有目的地倾听，培养幼儿善于倾听的技能。其次，要引导幼儿运用动作、美术、音乐、语言等多种方式表达对文学作品的理解，增强对文学作品的理解能力和表现能力。再次，要引导幼儿学习发声的技能、技巧，增强幼儿灵活运用语言的能力。最后，要激发幼儿的想象力，鼓励幼儿仿编、创编，增强其语言创造能力。学前儿童文学活动能力目标主要有以下几个。

（1）善于倾听，理解文学作品中的人物形象、情节内容。

（2）初步掌握艺术发声的技能、技巧，能运用语言、动作、表情、绘画等方式表达对作品的理解和感受。

（3）能根据文学作品提供的线索，发挥想象，模仿创编儿歌、诗歌、故事和散文等。

议一议： 你认为学前儿童文学活动的情感与态度、认知、能力三维目标有什么区别与联系？

____

____

____

二、精准定位学前儿童文学活动的年龄段目标

学前儿童文学活动必须考虑幼儿的年龄特点和接受能力。对于文学作品，无论在情感与态度方面、认知方面，还是在能力方面，幼儿的学习都有一个循序渐进的过程，因此教师在设定文学活动的目标时，还应整体统筹，合理安排，将《纲要》《指南》规定的要求分解到不同的阶段，促进幼儿语言素养的全面提升。

（一）小班（3~4 岁）文学活动目标

（1）喜欢欣赏文学作品，愿意参加文学活动，对文学作品的语言感兴趣。

（2）能初步感受文学作品的语言美，知道故事、诗歌和散文等是不同体裁的文学作品。

（3）初步理解文学作品的情节内容或画面情景，能用语言、动作、表情等方式表达自己对文学作品的理解。

（4）学会在文学作品原有基础上扩充想象，仿编文学作品中的一句或故事结尾。

这一阶段的文学活动要特别注意激发和保护幼儿参与文学活动的兴趣，引导幼儿跟读韵律感强的儿歌、童谣，做到主动要求成人讲故事、读图书，学习和积累词汇、句式，初步感受文学作品的节奏、韵律以及美好情感，并且能运用语言、图画、标记、符号、动作、表情等表达自己的理解和感受，能较有条理地大致说出作品的内容，并尝试进行简单的模仿创编。

（二）中班（4~5 岁）文学活动目标

（1）喜欢不同形式的文学作品，主动积极地参加文学活动。

（2）知道文学语言与日常生活语言的不同之处，进一步感受文学作品的语言美。

（3）学会理解文学作品的人物形象，感受作品的情感基调，能运用较恰当的语言、动作、绘画等形式表达自己对作品的理解。

（4）能根据文学作品提供的线索扩展想象，仿编或续编一个情节或一个画面。

这一阶段的文学活动要引导幼儿理解简短的文学作品内容，了解文学作品的构成要素，如故事的人

物形象、情节、语言、主题等，初步体会文学语言的美，感受文学语言的感染力；积极为幼儿提供表现文学作品的机会，引导幼儿把听过的儿歌、故事等讲述给别人听，较有条理地讲述、表演其中有趣的情节，并进行想象，尝试仿编或改编，丰富作品的情节和内容，增强幼儿的口语表达能力。

（三）大班（5~6 岁）文学活动目标

（1）乐意欣赏不同体裁、不同风格的文学作品，在文学活动中积累文学语言，并尝试在适当场合运用。

（2）在理解文学作品人物、情节或画面情景的基础上，准确把握作品的主题或感受作品的情感脉络。

（3）初步感知文学作品语言和结构的艺术表现特点，开始接触文学作品的艺术语言构成方式。

（4）能根据文学作品提供的想象线索，联系个人已有的经验扩展想象，并创造性地进行表述。

这一阶段的文学活动要注意引导幼儿主动欣赏不同形式的文学作品，了解不同文学作品的构成要素，理解、学习作品所使用的特殊表现手法，主动与他人交流自己的理解和感受，理解文学作品的内容和主题，体会文学作品的语言魅力；促进幼儿完整、有条理地讲述、表演作品，再现文学语言的美，仿编、改编、续编或完整地创编简单的文学作品。

议一议： 学前儿童文学活动三个年龄段目标有什么区别与联系？

三、清晰表述学前儿童文学活动的具体目标

学前儿童文学活动的具体目标是指围绕某个特定的文学作品展开的某次文学活动的目标。在开展文学活动的过程中，教师要全面分析具体文学作品的活动价值，综合考虑学前儿童的学习需要，将文学活动的总目标和年龄段目标落实到具体的活动之中。

（一）全面把握作品的教育价值

学前儿童文学活动必须围绕具体的文学作品开展。具体的文学作品由于其体裁类型及表达的主旨不同，在思想内涵、艺术形式等方面具有各自不同的特征，决定了其在情感与态度、认知、能力等方面具有独特的教育价值。在具体文学活动目标制定的过程中，教师要认真研读，深入分析并挖掘文学作品所具有的教育价值，为制定目标提供依据。

（二）综合分析学前儿童的学习需要

一部文学作品所包含的教育价值不可能一下子全部落实到教育活动之中。教师还要根据文学活动的维度目标和年龄段目标，综合分析幼儿的学习需要，对文学作品所包含的教育价值进行筛选，合理安排其教育价值发挥作用的先后顺序，形成具体的目标任务，并确定活动的重点、难点。

（三）分层描述活动的具体目标

目标最终都要通过具体的活动来实现。目标的制定不仅为活动的设计奠定了基础，而且为活动的评价提供了参照指标。因此，文学活动目标的表述必须是具体的、可观测的，而且必须以清楚的层次表现出来。教师可以从情感与态度、认知、能力三个层次来分别进行表述。

案例

大班童话故事《青蛙国王》活动目标设计

【作品价值分析】

冰波的《青蛙国王》讲述了一只自以为高贵的青蛙国王，被风吹掉金皇冠以后，不再被当作青蛙国王的故事。故事虽然简单，却包含了多方面的教育价值。第一，从表现手法来看，故事运用对比的艺术手法，把戴着金皇冠视察的青蛙国王盛气凌人的神态和语言与皇冠被风吹掉后青蛙国王气急败坏的样子和语言进行对比，塑造了一个滑稽可笑的青蛙国王形象。第二，从认知角度来看，通过这些生动有趣的文字，幼儿可以结合自己的经验对“俗气”“高贵”建立初步的认知和理解，直观地感受骄傲自大、气急败坏等不同的心情，在发自内心的轻松愉悦的笑声中获得情感宣泄，感受阅读文学作品的乐趣。第三，从深层次来看，故事以青蛙国王除了戴着皇冠外与其他青蛙其实没有什么两样的事实，告诉人们不能因为有了荣誉而瞧不起别人的道理。这篇故事不仅可以让幼儿学到新的词汇，了解新的思想，还可以让幼儿感受到文学语言的规则，这将有助于幼儿模仿和学习这些技巧，从而增强自身的表达能力。

【儿童需求分析】

根据文学活动的总目标及阶段目标的要求，大班幼儿已经积累了一定的阅读经验和生活经验，对皇冠的象征性权力及国王高贵的身份已经有了一些认识，对“俗气”“高贵”等词语，特别是对荣誉，也正在逐步形成自己的价值观，但是这些需要正确的引导。大班幼儿还需要通过经典的文学作品激发想象力，在头脑中建立滑稽可笑的文学形象，并进一步建立生活经验与“俗气”“高贵”这些较为抽象的词汇之间的联系。不仅如此，大班幼儿也已经具备了一些初步的表现能力，可以通过文学作品形象来学习理解不同的情绪情感，并且通过合理的宣泄来愉悦身心，同时通过对人物形象的评判来逐步建立正确的价值观。

【分层表述目标】

按照情感与态度、认知和能力三个层面来进行目标表述：

1. 情感与态度目标：揣摩人物形象的言行和情感，感受故事的诙谐幽默，初步懂得不能瞧不起别人的道理。

2. 认知目标：结合生活经验，理解青蛙国王滑稽可笑的形象和“俗气”“高贵”等词语的意思。

3. 能力目标：梳理故事情节，复述故事。尝试角色扮演，表现青蛙国王及其他青蛙不同的性格特点。

评一评：从文学活动主题及年龄段的限定性、活动目标维度的全面性、表述的具体性等方面对以上目标进行评析。

扫一扫

观点参考

任务 4 掌握学前儿童文学活动的一般过程

任务目标

1. 理解学前儿童文学活动一般过程的基本环节。
2. 掌握学前儿童文学活动过程各环节的基本要求。

知识链接

《纲要》指出，学前儿童语言教育应“引导幼儿接触优秀的儿童文学作品，使之感受语言的丰富和优美，并通过多种活动帮助幼儿加深对作品的体验和理解”。根据这样的要求，结合学前儿童文学活动的目标，我们可以将学前儿童文学活动的一般过程概括为三个主要环节。

一、引导幼儿感受、理解文学作品

文学活动是让幼儿充分感受作品，理解作品的内容，进入作品意境，受到审美陶冶的活动。要想让幼儿喜爱文学，并从中获得教益，最重要的就是让幼儿从文学作品中得到悦耳、悦目、赏心、怡神的美的享受，受到艺术语言的熏陶感染。因此，在文学活动中，让幼儿充分地感受、理解文学作品，是文学活动的首要任务。

教师要根据文学作品的具体特点、幼儿的接受水平及环境材料，激发幼儿欣赏文学作品的兴趣，采取不同的形式来组织活动，全面呈现作品内容，引导幼儿通过听（观）赏作品、对话交流，感受文学作品的语言魅力。

拓展阅读

引导幼儿听赏文学作品

一、直接朗读讲述

朗读讲述文学作品，是帮助幼儿建立语音印象，发展幼儿语言的关键，这也是文学活动“语言味”的重要体现。研究发现，当讲述者富有技巧地讲述故事时，幼儿会聆听并可能形成意象。在文学活动中，教师的朗读、讲述有助于幼儿掌握语言和作品中的思想，激发对口头语言的兴趣，增加词汇量，丰富语言表达的形式。

教师不但要字正腔圆地发好每个字音，而且必须掌握艺术发声的技巧，运用重音、停顿、音调的高低、语速的快慢来表现作品的内容，尽量把故事人物高兴、悲伤的心情用不同的语气、语调表现出来，并恰当地运用表情、动作，真正投入地表现作品，引导幼儿在积极的心理状态中欣赏或模仿文学作品的语言节奏和韵律、玩味语言，为幼儿语言发展提供模仿的榜样，提高幼儿对语言的敏感度，让幼儿积累不同语境下的表达经验。

二、声像视听辅助

考虑到幼儿经验积累的不足，在运用朗读讲述等语言手段的同时，教师还可以辅之以动画、图片、表演、手偶、玩具等直观材料，通过这些形象化的事物，激发幼儿的学习兴趣，引发其联想和想象，促进幼儿对语言的理解。在运用直观手段时，必须注意与文学作品内容的关联，切不可喧宾夺主，影响幼儿对文学作品语言的感知。例如，在文学活动“龟兔赛跑”中，教师可以将故事发生的环境制作成背景，将兔子和乌龟做成活动的角色，根据故事的情节，在相应的场景中展示相应的形象，鼓励幼儿根据画面线索讲述故事，通过视觉直观“复演”龟兔赛跑的场景，帮助幼儿理解故事的来龙去脉。

三、用好提问策略

在幼儿接触文学作品的过程中，巧妙的提问可以起到引起关注、激活想象、调动情感、启发思考的作用，对引导幼儿深入理解文学作品的内涵和语言起到关键作用。在运用不同的方式时，教师应分析作品的文学语言，把握语言的韵律、节奏，形象地展示文学作品语言的韵味，帮助幼儿理解作品的内容、体验文学作品所传达的情绪、感受文学语言的魅力。

提问时要注意以下几个方面：

1. 提问要有针对性。

人物形象、情节结构、语言艺术、主题思想等是构成文学作品的重要方面。提问要围绕这些方面展开，以帮助幼儿把握作品的有关信息。例如，在文学活动“龟兔赛跑”中，教师可以这样提问：“谁跟谁进行赛跑？在比赛过程中发生了什么事？最后结果怎么样？兔子为什么会输？听了这个故事，你明白了什么道理？”教师还可以针对故事当中的一些细节进行提问，引导幼儿关注体现人物形象的表情、动作，从而更好地感受人物的性格特点。例如，在故事活动“猴子学样”中，教师先提问：“小猴子为什么要拿走老爷爷的草帽？它们是怎样拿走老爷爷的草帽的？”在此基础上，引导幼儿结合回答进行讲述表演，领悟小猴子的淘气和老爷爷的机智。细节还可以是语言的细节。例如，教师提问：“作品中的叮叮当当、蹦蹦跳跳、安安静静这些词语好听吗？”以此引起幼儿对文学语言的兴趣，提高幼儿对语言的敏感度。

2. 提问要有顺序性。

提问要根据故事发生的顺序进行，帮助幼儿通过对问题的思考和回答，了解故事的来龙去脉，对故事情节有清晰的认识。例如，在故事活动“龟兔赛跑”中，教师可以按照比赛的过程提问：“刚开始谁跑得快？接着发生了什么事？兔子是怎么做的？乌龟又是怎么做的？”这样能帮助幼儿理清楚事情的前因后果。在儿歌、诗歌、散文活动中，教师也要根据作品的思路进行提问，帮助幼儿把握作品的结构，逐步培养幼儿建构作品的逻辑思维能力。

3. 提问要有层次性。

在一般情况下，提问可以有三个层次：第一层次是描述性提问，帮助幼儿掌握作品的名称、人物、情节等，引导幼儿对作品内容有大致的了解。第二层次是思考性提问，如“你喜欢故事里的谁？为什么”。第三层次是假设性提问，如“如果你是……，你怎么办（想、说……）”，引导幼儿进行角色迁移，以角色身份体验和感受文学作品。

调查与研究：赴实践基地观摩学前儿童文学活动，说说教师是如何引导幼儿感知、理解文学作品的，思考还可以怎么做。

二、引导幼儿体验、表现文学作品

儿童文学活动不能仅停留于对作品的理解层面，教师还可以引导幼儿迁移经验，进行亲身的体验，鼓励幼儿用故事表演、绘画等不同的方式表达自己对图书和故事的理解，促进幼儿间接经验向直接经验的转化，释放幼儿游戏的本能，满足幼儿的模仿需求，让幼儿在表现中移情想象，进一步体会文学作品的乐趣，理解作品所表现的情感心理和精神世界，增强自我表现的意识，在体验中逐步内化文学作品的语言和结构方式，从而增强语言运用的能力。

拓展阅读

文学作品的重复性表现与创造性表现

文学作品表现活动一般可以分为重复性表现和创造性表现两种。重复性表现主要是以语言的形式再现文学作品。创造性表现则是通过改变作品的表现形式来表达对作品的感受和理解。

1. 重复性表现。

重复性表现主要是通过忠实于原作的复述，引导幼儿进一步感受文学语言的节奏美、韵律美。复述要循序渐进，逐步增加信息量。在一般情况下，小班幼儿进行句子复述，中班幼儿进行细节复述，大班幼儿可以进行全文复述。在鼓励幼儿进行复述时，教师应针对幼儿的语言发展水平提出具体明确的要求。例如，在幼儿朗诵诗歌时，对音高、节奏与韵律提出要求；在故事复述表演中，鼓励幼儿在表演中模仿所扮演角色的音色、语气、语调等，在亲身的体验中找到声音特征与情感的关系，从而增强语言控制能力。

2. 创造性表现。

除了口头朗读，教师还可以根据文学作品的内容，引导幼儿在理解的基础上，创造性地以多种方式对文学作品进行表现转化，将作品中的语言信息通过形象化的手段展示出来，丰富幼儿的自我表现方式，促进幼儿建立语言艺术与其他艺术形式之间的联系，深化对文学作品的理解与感悟。

创造性表现的主要方式有：① 音乐表现。以歌唱、舞蹈、器乐演奏等形式来表现对文学作品的理解。② 美术表现。以图示符号、绘画、手工、建构等形式来表现对文学作品的理解。③ 戏剧表演。以装扮表演、情境表演、戏剧游戏等形式来表达对文学作品的理解。

调查与研究：赴实践基地观摩学前儿童文学活动，说说教师是如何引导幼儿体验、表现文学作品的，思考还可以怎么做。

三、引导幼儿迁移经验、仿编创造

在幼儿感受、理解、体验文学作品的基础上，教师可以为幼儿提供仿编和创造文学作品的机会，激活幼儿的审美想象，促进幼儿迁移运用所学文学经验，尝试灵活运用文学作品的语言和艺术结构，发掘幼儿的语言潜力。

（一）作品仿编

所谓作品仿编，指的是在幼儿感受并理解作品，对作品的内容、结构特点有了一定的认识之后，调动幼儿的已有经验，让幼儿凭借想象，构思出新的内容，借用原作品的结构，更换原句中一个词或几个词，进行新的词语搭配，或者替换几个句子进行模仿，让幼儿从自己仿编的作品中及时体验学习的成功，增强学习的自信和兴趣。

拓展阅读

作品仿编的一般要求

1. 充分理解，熟悉语言。

在仿编作品之前，幼儿要充分感受、理解和体验原作品，真正认识仿编对象的内容和形式，能够体会作品语言的表达效果，感受语言的魅力。

2. 抓住关键，体会特点。

在感受、理解作品的过程中，教师要引导幼儿抓住作品中的关键语句，体会和把握句式的基本特点。

3. 拓展经验，启发想象。

幼儿的想象、创编需要借助一些形象直观的教具，如图片、动画或者实物。这些教具有助于幼儿拓宽视野，积累仿编的经验，为自然流畅地表达语言奠定基础。

4. 串联总结，享受成功。

在仿编创造的过程中，教师应认真地记录幼儿的语言表达，及时对这些语言进行点拨，或与原作品结合，或单独整理成篇，形成相对完整的作品，并通过朗读、讲述等方式进行展示，让幼儿享受语言创造的乐趣。

（二）作品创编

创编是一种创造性的语言活动，有利于训练幼儿的创新思维能力，扩展幼儿的想象空间。在理解作品、积累相关经验的基础上，教师可引导幼儿编出符合一定语言艺术结构规则的作品。幼儿进行文学作品的创编，一是需要经验和语言的准备，二是需要把握创编的动机。在文学活动中，教师要及时抓住幼儿的兴趣，创设宽松愉悦的氛围，组织话题或主题，启发幼儿主动想象、巧妙构思、积极讲述，引导幼儿进行续编、扩编、改编等。

拓展阅读

作品创编的注意事项

1. 丰富幼儿的知识与经验。

一是文学知识。教师应帮助幼儿理解文学作品的构成要素，包括时间、地点、人物、情节等。二是生活经验。教师要鼓励幼儿深入生活，观察周围事物，了解一些粗浅的自然现象和社会现象。这些间接、直接经验的积累能为幼儿进行文学作品创编提供丰富的素材和灵感。

2. 创设情境，激发幼儿的创编欲望。

教师要巧妙创设情境，利用乐曲、声音、绘画、图片、表演（如哑剧）等中的虚构的人物形象、场景和情节等元素，激发幼儿的想象力，并引导幼儿进行艺术符号的转换，将这些素材转换成诗歌、散文、故事等。

3. 依托图画，引导幼儿完整表达。

教师可以让幼儿把自己构想的场景、事件画成图画，在图画的帮助下将心中想法“稳定”下来，完整表达，并进一步围绕“中心”产生新的联想，使创编作品更加饱满。教师应及时将幼儿的讲述内容记录下来，帮助幼儿完成创编作品，并引导幼儿分享彼此的经验，并从同伴的创造性表达中获得启发。

调查与研究： 赴实践基地观摩学前儿童文学活动，说说教师是如何引导幼儿迁移经验、仿编创造的，思考还可以怎么做。

任务 5

学前儿童文学活动研究与实践

任务目标

1. 认真阅读案例，能够从主题、设计意图、目标、过程等不同方面整体把握学前儿童文学活动设计的基本要求。

2. 能够对案例进行评析，学习环节设计与安排中的“亮点”与特色。

3. 尝试根据方案，进行活动模拟，增强活动调控能力。

4. 能结合实践观察记录，概括学前儿童文学活动的主要环节，并评价其得失。

5. 确定对象，设计一次学前儿童文学活动，尝试实践并反思。

案例研究

大班诗歌活动：我最爱祖国

【设计意图】

在幼儿园教育中，“爱”是永恒的主题，而热爱祖国更是崇高又圣洁的情感。幼儿只有从小培养爱亲人、爱集体、爱家乡的情感，才能将其升华为热爱祖国的情感。那么，采用何种方式才能让幼儿真正地感受、理解和体验这些不同的情感呢？为了避免说教和灌输式教育，笔者选择了诗歌《我最爱祖国》，根据幼儿的年龄特点、已有经验及兴趣需要，生动且有层次地帮助幼儿理解爱亲人、爱家乡和爱祖国的情感，进而初步感受不同的爱，萌生对祖国的热爱之情。

【活动目标】

1. 看图标理解内容，知道小班、中班、大班不同的爱，尝试有感情地朗诵。

2. 能用完整的语句表达自己对亲人、祖国等的认知和情感。

3. 从身边小事做起，萌发爱亲人、爱家乡、爱祖国的情感，体验成长的快乐。

【重难点】

1. 理解小图标的含义，尝试看着图标有感情地朗诵诗歌。

2. 知道自己的成长过程，能用完整的语句表达自己心中的爱。

【活动准备】

1. 物质准备：小、中、大尺寸的字卡、图片各一张；可拆装的自制大书，每页贴有各种与诗歌内容相匹配的小图标；贴有“？”的图书封面一张；等等。

2. 经验准备：在开展主题活动“我是中国人”之前，对有关祖国的知识已有一定的了解。

【活动过程】

一、出示问号，引发好奇心

师：这是什么？你们见过吗？它表示什么意思？

师：那看到“？”，你有什么问题要问吗？

师：大家都是善于观察的好孩子。老师看到“？”，也有问题想问，小朋友们现在在什么班级？去年呢？刚进幼儿园的时候呢？

教师边提问边出示“大”“中”“小”图片。

师：那从小班到大班，你们最爱谁？最喜欢什么呢？

二、观察图标，理解诗歌

1. 教师完整朗诵，幼儿欣赏。

师：有个小朋友，他最爱谁？最喜欢什么呢？一起来听听。

师：你们听到了什么？他从小到大最爱谁？最喜欢什么？

师：哦，原来这个小朋友上小班、中班、大班时喜欢的人和事都不一样。

2. 教师出示第一段（小班）的完整图标，幼儿看图学说。

师：仔细看看这幅图讲的是什么时候的事情呢？

师：小班的时候，妈妈问了什么？

师：小班时候的“我”是怎么说的？妈妈听了是什么心情呢？她是怎么做的？

教师根据内容提问，帮助幼儿理解并尝试看着图标说一说。

3. 教师出示诗歌第二段（中班）部分图标，幼儿补填完整。

师：这幅图讲的是中班时候的事情。谁来看图说一说？

师：噢！好像少了几个图标，谁能帮忙把这些图标贴到对应的位置上。

教师完整朗诵诗歌第二段，请幼儿根据内容检查。

师：这一次，爸爸问了什么？中班时候的“我”是怎么说的？

4. 凌乱地出示第三段（大班）图标，幼儿有序拼摆。

师：现在“我”上大班了，老师是怎么问的？“我”又是怎样回答的呢？谁来把小图标按诗歌内容贴出来？

个别幼儿操作，集体检查。教师提问，引导幼儿看图完整表述。

三、装订图书，猜想书名

师：小班、中班、大班连在一起就是我们精彩的幼儿园生活。你瞧，这几张图片装订在一起变成了什么？

师：你们看，这是这本书的封面。封面上得有这首诗歌的名字。谁来取一个？

教师出示贴有“？”的封面，引导幼儿猜想诗歌名字。

师：这本书的名字到底是什么呢？谁来揭开“？”看一看。

四、趣味翻图，有感情地朗诵

师：这是一本神奇的书，它喜欢和小朋友们玩“躲猫猫”的游戏，你们看！

教师发出“躲猫猫”口令，任意翻去几张小图标。

师：看，调皮的图标躲起来了。我来说有图标的地方，你们来挑战没有图标的地方，好吗？

师生看图，幼儿分组有感情地朗诵，教师提醒幼儿根据难易程度改变朗诵速度。

五、创意绘画，深化情感

师：这首诗歌可以分成几段？你们最喜欢哪一段？为什么？

师：我们的祖国是中国，除了国旗、国歌，还有什么值得我们中国人骄傲和自豪的？你们最喜欢什么呢？

教师引导幼儿说出祖国的名胜古迹等，激发幼儿的爱国情感，并鼓励幼儿将自己的想法大胆地画出来。

六、活动延伸

1. 将绘画作品布置在教室语言区内，鼓励幼儿自主介绍，并与同伴分享。

2. 丰富“我是中国人”主题活动，生成打击乐《中国人》、综合活动“旅行发现多”等，通过多渠道、多方式加深幼儿对祖国的认识。

附诗歌

我最爱祖国

小班的时候，妈妈问我：
你最爱谁？你最喜欢什么？
我说我最爱亲爱的妈妈，
最喜欢红红的苹果。
妈妈的脸上笑出了酒窝，
使劲地亲我。

中班的时候，爸爸问我：
你最爱谁？你最喜欢什么？
我说我最爱解放军和爸爸，
最喜欢家乡的山河。
爸爸张开了双臂，

高高地举起了我。

现在，我上大班了，老师问我：
你最爱谁？最喜欢什么？
我说我爱我们的祖国，
最喜欢国旗、国歌。
老师点点头，
说我长大了。

（设计：江苏省如东县实验幼儿园石玲玲）

案例评析：

扫一扫

观点参考

实践反思：

资源链接

扫一扫

大班诗歌活动：叫醒

扫一扫

大班散文诗活动：金色的梦

扫一扫

大班散文活动：爱唱歌的小雨点

扫一扫

中班故事活动：春天的电话

扫一扫

大班故事活动：猫种老鼠

实践探究

1. 赴幼儿园观摩学前儿童文学活动，认真记录并概括活动的主要环节，研讨分析其得失。

观察对象：		活动主题：		时间：	
活动记录：					
概括主要环节：					
简要评析：					

2. 确定好对象，完整设计一份文学活动方案，尝试实践，并进行反思研讨，提出改进意见。

活动对象：		活动时间：	
活动主题：			

续表

活动目标：
活动准备：
活动过程：
活动反思：

思考与总结

1. 学前儿童文学活动的内涵与特点是什么？有哪些类型？

2. 学前儿童文学活动的维度目标与年龄段目标有哪些？怎样为一次具体的学前儿童文学活动制定目标？

3. 结合实例说明学前儿童文学活动的内容主要包括哪几个方面。

4. 结合实例简要介绍儿歌、诗歌、故事和散文活动的一般过程。

专题 5

学前儿童早期阅读活动

学习目标

• 知识目标

1. 理解学前儿童早期阅读活动的内涵、特点及类型。

2. 理解学前儿童早期阅读活动的目标及一般过程。

• 能力目标

掌握学前儿童早期阅读活动设计和实施的基本要求。

• 素质目标

关心幼儿生活，能根据幼儿兴趣和需要选取阅读材料，认真进行活动的设计与准备，耐心细致地引导幼儿充分感受早期阅读的趣味，促进幼儿的语言发展。

任务导览

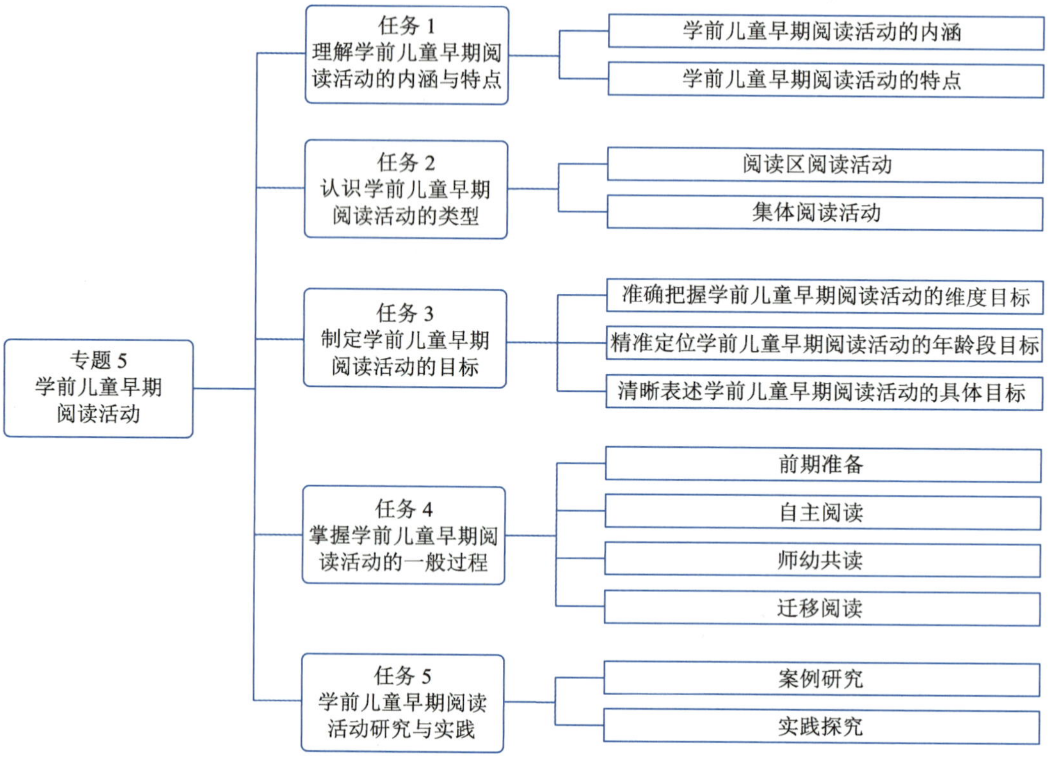

情境导入

关于学前儿童早期阅读，有些专家提出“阅读点燃智慧”的口号，社会上一些机构也推出了一系列识字和阅读方案。正是由于这样的推动，一谈到学前儿童早期阅读，许多人首先想到的可能就是看书、识字。可是，幼儿不认识字，或者只能认识很少的文字，怎么进行阅读呢？那么，究竟什么是学前儿童早期阅读？我们又该如何开展学前儿童早期阅读呢？

任务1
理解学前儿童早期阅读活动的内涵与特点

任务目标

1. 理解学前儿童早期阅读活动的内涵。
2. 理解学前儿童早期阅读活动的特点。

知识链接

幼儿期是发展阅读能力、培养阅读习惯的重要时期。《纲要》明确提出了引导幼儿“喜欢听故事、看图书”的目标，并要求幼儿园“培养幼儿对生活中常见的简单标记和文字符号的兴趣”，“利用图书、绘画和其他多种方式，引发幼儿对书籍、阅读和书写的兴趣，培养前阅读和前书写技能”。这些表述体现了学前儿童早期阅读的教育价值，也对学前儿童早期阅读提出了方向性的要求。

一、学前儿童早期阅读活动的内涵

学前期是幼儿口头语言迅速发展的时期，也是幼儿开始接触各种符号的时期。这一时期幼儿可以联系生活经验，逐步认识图画、符号、语言的声音及其与语言意义的关联性，并尝试运用图画、符号、语言等来解释生活中的见闻。虽然幼儿认识的文字有限，所谓模仿写字也只是涂涂画画，但正是在这样的学习活动中，幼儿才可能慢慢成为一个热爱阅读、不依赖成人的自主阅读者。

对幼儿来说，早期阅读既有一般阅读的普遍性，又有其特殊性。阅读的主要对象其实是图画书。这种阅读是在幼儿已有知识经验的基础上，借助图画、成人的讲述以及文字来理解以图画为主的幼儿读物，以伴随阅读为主要形式，以增强阅读兴趣、积累阅读经验和展开阅读交流为主要目的的一系列活动。①

幼儿的阅读能力并非与生俱来的，它必须经历一个形成与发展的过程。相对于口头语言学习，早期阅读是幼儿开始接触书面语言的行为表现，是幼儿接触书面语言的途径之一。基于此，我们认为学前儿童早期阅读活动指的是教师有计划、有目的地通过提供与视觉刺激有关的材料（包括图片、图书、录像、标志、符号等），让幼儿接受有关材料的信息，在观察、思维、想象等的基础上，通过倾听教师的讲述，对材料内容进行初步理解和语言表达，并且发表自己的观点和见解的一种语言学习活动。

① 孙莉莉. 早期阅读与幼儿教育［M］. 合肥：安徽少年儿童出版社，2011：8.

说一说： 什么是学前儿童早期阅读活动，它与一般意义上的阅读有什么不一样？

对于学前儿童来说，阅读活动不仅是视觉的活动，也是听觉的、口语的，甚至是触觉的活动。我们可以通过对概念的辨析来理解学前儿童早期阅读的内涵。

（一）早期阅读不等于识字

阅读是一种从书面语和其他符号（包括图形、画面等非文字内容）中获取知识和信息的心智活动。幼儿从出生开始就可以阅读，但这里所说的阅读，主要是指给幼儿提供良好的阅读环境和条件，让他们接触图书，形成对书本和文字的兴趣，知道怎样去阅读。

早期阅读不等于早期识字。识字和阅读是两个完全不同的概念。识字是认识字的结构、偏旁、意义的过程。它只是早期阅读的一部分内容，但不是唯一内容。早期识字曾经是我国幼儿早期教育的代名词，很早就存在于我国古代的教育实践中。但是一味地强调早期识字，很可能会导致幼儿对口语学习的忽视，也会严重影响他们书面阅读能力的发展。研究发现，早期识字将幼儿的注意力主要集中到识字方面，容易导致他们一拿起书本就联系到枯燥、机械、乏味的认字经验，最终会导致他们讨厌阅读，缺乏阅读的兴趣。

现代意义上的早期阅读，指向的不是大量识字，而是对书面阅读兴趣和能力的培养，其目标在于让幼儿了解一些有关书面语言的信息，明白书面语言的重要性，获得一些阅读的技巧，进而对阅读活动充满热情，并能够进行有效的阅读，享受阅读的过程。

议一议： 早期阅读活动究竟需不需要识字？

（二）识字和阅读不可截然分开

一般来说，阅读要以掌握一定数量的文字、词句为前提。正因如此，一提起阅读，许多人都会产生“孩子不识字，怎么阅读”的疑问。显然，这是将幼儿阅读与成人阅读相提并论，把幼儿识字看成阅读必备的前提条件了。

其实，早期阅读与成人或幼儿入学后的阅读是有区别的。早期阅读中“读”是幼儿凭借色彩、图像、符号和成人的言语以及文字来理解以图为主的低幼儿童读物的过程。

在学前儿童早期阅读活动中，识字与阅读并不存在孰先孰后的问题，教师完全可以引导幼儿阅读包含文字、图画、符号等的读物，帮助幼儿建立对文字与图画、符号之间的对应关系的认识，增强幼儿对文字的敏感性和探索文字的兴趣，为幼儿日后的文字阅读和书写打下良好的基础。

小贴士

如何让幼儿在写写画画的过程中体验文字符号的功能，培养书写兴趣[①]

准备供幼儿随时取放的纸、笔等材料，也可利用沙地、树枝等自然材料，满足幼儿自由涂画的需要。

鼓励幼儿将自己感兴趣的事情或故事画下来并讲给别人听，让幼儿体会写写画画的方式可以表达自己的想法和情感。

把幼儿讲过的事情用文字记录下来，并念给他听，使幼儿知道说的话可以用文字记录下来，从中体会文字的用途。

如何在绘画和游戏中做必要的书写准备[②]

通过把虚线画出的图形轮廓连成实线等游戏，促进手眼协调，同时帮助幼儿学习由上至下、由左至右的运笔技能。

鼓励幼儿学习书写自己的名字。

提醒幼儿写画时保持正确姿势。

议一议： 早期阅读活动该怎样对待识字？

（三）看图画、色彩也是阅读

阅读是大脑接收外界视觉符号（包括文字、图像、图表、公式和数字等信息），并对其进行加工，以理解其所代表的意义的过程。在早期阅读中，我们可以通过图画，帮助幼儿建立画面与语言之间的联系；我们还可以通过语言，不断调动幼儿通过图画阅读中积累起来的心理图式，让幼儿通过想象，进一步增进对语言的理解。

图画具有形象性的特点，其生动的视觉表象能激发幼儿的阅读欲望，使幼儿在心理上获得愉悦感，在情感上受到陶冶。在这一过程中，幼儿的想象能力、思维能力和审美能力不断发展。这种价值不是纯粹的文字阅读所能实现的。利用图画还可以帮助幼儿丰富想象，结合上下文和图画理解一些字词的含义，从而逐渐理解文字内容，掌握书面语言。

小贴士

如何引导幼儿以自己的经验为基础理解图书的内容[③]

引导幼儿仔细观察画面，结合画面讨论故事内容，学习建立画面与故事内容的联系。

①②③ 内容源自《3—6岁儿童学习与发展指南》。

和幼儿一起讨论或回忆书中的故事情节，引导他有条理地说出故事的大致内容。

在给幼儿读书或讲故事时，可先不告诉名字，让幼儿听完后自己命名，并说出这样命名的理由。

鼓励幼儿自主阅读，并与他人讨论自己在阅读中的发现、体会和想法。

拓展阅读

成人阅读的材料主要是文字，而对于幼儿来说，除了文字，图画、成人的语言也都是他们的阅读材料，都是他们文字阅读的基础。成人阅读主要依靠视觉，而对于幼儿来说，他们触摸书籍、听成人讲故事、自己复述故事、发表自己对故事的见解都属于阅读的范畴。可以说，所有有助于幼儿学习阅读的活动行为，都可以称为阅读。

下面这些看似随意的婴幼儿的行为其实都是他们在为成人式的独立阅读做准备，都是阅读。

6个月的婴儿抓着一本书，咿咿呀呀地玩着，甚至在撕书。妈妈一手抱着孩子，一手翻着一本图书，对孩子说："宝宝，你看，这是一只小狗。"孩子却只顾用小手拍着图画书，拍得越重越开心。这是关于图书功能的认知问题。

看见大人坐在沙发上看报纸，孩子也拿起报纸，学着大人的样子，装模作样地看，但报纸拿反了。这是关于阅读行为的表现问题。

3岁的孩子与父母一起上街，看到自己认识的字，就兴奋地说："妈妈，这是'一'，这是'儿'，我也认识……"这是阅读中字形与字音的对应问题。

孩子假装看得懂电话簿，拿着翻来覆去、煞有介事地阅读，甚至念念有词。发现其中有好多个"李"字出现，就问妈妈："这里怎么都是我的名字？"这是阅读中字形与字义的对应问题。

…………

（内容摘自百度百科，有改动）

议一议： 在学前儿童早期阅读活动中，我们该带领幼儿读什么？

二、学前儿童早期阅读活动的特点

学前儿童早期阅读活动是有计划、有目的地培养幼儿学习书面语言行为的教育活动。这种早期阅读活动是在集体环境中进行，并且以儿童文学为主要平台的阅读活动。

（一）互动性

不同于以文字为主的阅读，早期阅读是幼儿在成人的帮助下，通过听、看、聊的方式，讨论图画内容，推测情节，假设结果，分享人物观点等，逐步成为主动的阅读者的学习过程。除了与成人之间的互动，幼儿还可以与其他幼儿进行互动，在同伴之间口述自己看到或听到的故事、扮演故事角色，创编讲述自己的故事、制作图书等，分享阅读的感受，获得更多的阅读快乐。只有在与成人、同伴的互动中，这些阅读材料才能真正发挥应有的作用，激发幼儿的阅读兴趣，促进阅读活动的生成。

（二）审美性

早期阅读是一种让眼睛享受、心灵愉悦、精神提升的体验。早期阅读的读物画面风格多样，色彩和谐优雅，形象鲜明突出，是图画的艺术，也是文字的艺术；是视觉的艺术，也是听觉的艺术；讲究趣味性，也具有教育性。好的读物会运用多种艺术手段，为幼儿呈现多样化的世界，营造一种温馨、优雅、简洁的艺术氛围，特别是绘本，能激发幼儿丰富的想象和情感，使幼儿受到文学和艺术的熏陶，从而打开体验和感悟世界的心灵之窗，在幼儿的心田种下文学和艺术的种子。

小贴士

如何在阅读中发展幼儿的想象和创造能力[①]

鼓励幼儿依据画面线索讲述故事，大胆推测、想象故事情节的发展，改编故事部分情节或续编故事结尾。

鼓励幼儿用故事表演、绘画等不同的方式表达自己对图书和故事的理解。

鼓励和支持幼儿自编故事，并为自编的故事配上图画，制成图画书。

如何引导幼儿感受文学作品的美[②]

有意识地引导幼儿欣赏或模仿文学作品的语言节奏和韵律。

给幼儿读书时，通过表情、动作和抑扬顿挫的声音传达书中的情绪情感，让幼儿体会作品的感染力和表现力。

（三）教育性

早期阅读所涉及的图画书能生动形象地再现幼儿的生活和情感，帮助幼儿认识和了解日常社会生活，培养幼儿的想象力和阅读能力。优秀的读物可以用简单的画面、简单的文字表达深刻的内涵，让幼儿获得大量与文本相关的自然科学和人文知识经验。

（四）挑战性

幼儿在早期阅读过程中，通过对图画的判断和推测，形成对故事的整体预期和对一些情节的预测，并在阅读过程中不断加以验证和调整，让阅读过程变成一个边阅读边思考，不断接受思维挑战和促进内在思维发展的主动学习过程。

①② 内容源自《3—6岁儿童学习与发展指南》。

案例

小班绘本阅读活动：是谁的肚脐眼

【活动目标】

1. 在看看、玩玩、想想、说说中，了解各种“肚脐眼”的特征。

2. 积极参与看图与讲述，愿意表达，学会说“挠一挠，好痒啊”。

3. 乐意共同游戏，体验猜测与发现“肚脐眼”秘密的快乐。

【活动准备】

1. 樱桃、苹果、小西瓜若干。

2. 《是谁的肚脐眼》绘本。

3. 汽车轮胎等物品图片和图卡。

4. 遮挡布两块。

【活动过程】

一、情境导入：有趣的肚脐眼

1. 引出肚脐眼，激发幼儿参与活动的兴趣。

师：咦，这儿有一个洞？洞里藏着什么呢？我们一起来看一看。

师：这是什么？你看出来了吗？（请少数幼儿猜猜看）

师：到底是什么呢？我们一起来瞧一瞧。

师：是什么呀？（宝宝的肚脐眼）

师：肉嘟嘟的，还有一个小洞呢。挠一挠，好痒啊？挠一挠，怎么了？（句子：“挠一挠，好痒啊。”）

2. 看看并说说自己的肚脐眼。

师：你们有肚脐眼吗？在哪儿？看看你的肚脐眼是什么样的？

（幼儿挠一挠自己的肚脐眼，学说“挠一挠，好痒啊”。）

3. 找找并说说水果宝宝的肚脐眼。

师：今天老师还带来了好多水果宝宝。我们来认识一下它们。

师：这是谁？（小樱桃、绿苹果、大西瓜）欢迎你们。

师：刚才我们找到了宝宝的肚脐眼。这些水果宝宝也有“肚脐眼”，请小朋友们来找找看。

（幼儿自主寻找水果的“肚脐眼”。教师引导幼儿说说水果的“肚脐眼”长什么样，引导他们玩挠一挠的游戏）

二、自主阅读：《是谁的肚脐眼》

师：今天老师带来了有趣的绘本《是谁的肚脐眼》。我们一起来看一看。

幼儿每人一本《是谁的肚脐眼》图书，自主阅读。

三、阅读拓展：找找身边的“肚脐眼”

师：生活中有那么多的东西都有“肚脐眼”，可真有趣。现在老师就请你们擦亮眼睛，去找找我们周围什么东西也有“肚脐眼”。

四、匹配游戏：这是×××的肚脐眼

师：小朋友们快看，老师找到了那么多的“肚脐眼”，它们是谁的“肚脐眼”呢？我们先来看看这个，看看想想，它是谁的“肚脐眼”。（老师示范将“肚脐眼”粘贴到相应物品图片空白处）

师：还有那么多的“肚脐眼”。大家赶快看看它是谁的“肚脐眼”，然后将它粘贴到对应的位置。如果你找到了，你要试着告诉老师，这是谁的“肚脐眼”。

【案例分析】

《是谁的肚脐眼》是一本绘本，它有三个特点：

1. 设计巧妙。绘本的单页是一个洞眼，透过它只能看到物体局部，翻到下一页才能知道整体是什么。

2. 贴近生活。“挠一挠，好痒啊。这是宝宝的肚脐眼呀……”字里行间透露着温馨与俏皮，容易引起幼儿的兴趣。

3. 语言简单。绘本语言不仅简单，还具有重复性，符合小班幼儿的年龄特点。

阅读这本绘本就像是一个猜谜活动。幼儿通过看物体的局部，猜测物体是什么。这既能给幼儿带来挑战，又有一定的趣味性。

（设计：江苏省南通市通州区通州幼儿园王建琴）

案例评析：

____

____

____

扫一扫

观点参考

调查与研究： 赴实践基地开展学前儿童早期阅读活动观摩，结合具体案例说说早期阅读活动有什么特点。

____

____

____

任务 2

认识学前儿童早期阅读活动的类型

任务目标

1. 了解学前儿童早期阅读活动的不同类型。
2. 理解不同类型学前儿童早期阅读活动的特点及表现形式。

知识链接

根据活动的计划性，学前儿童早期阅读活动可以分为阅读区阅读活动和集体阅读活动两大类。根据活动的组织者，还可分为师幼阅读活动和亲子阅读活动。在幼儿园，学前儿童早期阅读活动主要是阅读区阅读活动和集体阅读活动。

一、阅读区阅读活动

阅读区阅读活动是指教师在幼儿园或班级内部创设阅读区域，定期更新阅读材料，指导幼儿自主开展阅读的活动。在阅读区活动中，教师以间接指导为主，但在阅读环境的创设和布置、材料的投放和更新、阅读活动规则的制定和执行、对幼儿的全面观察和个别指导等方面仍发挥着重要的主导作用。

阅读区阅读活动主要以个人或小组的自主阅读形式出现，能够有效地培养幼儿的阅读兴趣、阅读习惯和自主阅读能力。幼儿可以选择自己喜欢的阅读材料进行阅读。

（图片来源：江苏省南通市通州区通州幼儿园）

调查与研究： 赴实践基地开展观察与调研，了解幼儿园布置了怎样的阅读区，提供了哪些图书。

二、集体阅读活动

集体阅读活动是指教师组织开展的，有意识地培养幼儿的阅读兴趣、阅读习惯和阅读能力的语言教育活动。在这类活动中，教师所选择的图画书是经典的，阅读活动的过程是快乐的。所进行的前识字和前书写活动是与幼儿的生活需要密切相关，并且与图书阅读相互结合，在生活和游戏中自然轻松地开展，为了让幼儿获得粗浅的文字和书写意义经验的活动。

案例

大班集体阅读活动：是谁“嗯嗯”在我的头上

【设计意图】

绘本《是谁嗯嗯在我的头上》讲述的是某个动物大便在小鼹鼠头上，引发小鼹鼠寻找肇事者的故事。光看书名，就觉得又好奇又好笑。对天性快乐的幼儿来说，这本绘本不仅有趣，还具有“爆笑”的效果。故事通过小鼹鼠寻找“嗯嗯”肇事者让幼儿了解每一种动物的排泄物形状都不同，什么样的动物拉什么样的“便便”，“嗯嗯”时发出什么样的声音。

【活动目标】

1. 了解鸽子、马、野兔、山羊、奶牛、猪“嗯嗯”的基本特征，知道“嗯嗯”是每个人都要发生的事。

2. 熟悉鸽子、马、野兔、山羊、奶牛、猪的图片与文字的对应关系。

3. 和同伴一起讨论和猜测故事的情节，体验阅读和想象所带来的乐趣。

【活动准备】

1.《是谁嗯嗯在我的头上》绘本每人一本，故事 PPT。

2. 鸽子、马、野兔、山羊、奶牛、猪的图片。

【活动过程】

1. 介绍图书名称，引起幼儿兴趣。

师：小朋友们，今天老师带来一本新书，书名叫《是谁嗯嗯在我的头上》。你们知道“嗯嗯”是什么意思吗?

幼：拉屉屉、大便……

（教师直接介绍书名，让幼儿自己说说“嗯嗯”的意思，等幼儿发表好自己的见解，再展示书本上的图画让幼儿知道什么是“嗯嗯”。“嗯嗯”是每个人在正常情况下每天都要发生的，但这又是一件令人尴尬的事情。今天教师竟然在活动中介绍它，让幼儿通过故事，正面了解“嗯嗯”。幼儿被这个直白敏感的话题一下子吸引住了。这为接下来引出小鼹鼠寻找

“嗯嗯”肇事者做了铺垫）

2. 幼儿自主阅读，了解故事内容。

师：小鼹鼠去问了哪些动物呢？它们的便便是什么样子的？请小朋友从第 5 页看到第 14 页。

师：小鼹鼠问了谁？

幼：鸽子、马、野兔、山羊、奶牛、猪。（教师依次展示图片和相应的汉字）

（幼儿自主阅读。教师摆图片和汉字图卡。幼儿通过看图片初步认识各种动物的粪便是什么样子的，并将图片与汉字联系起来）

3. 完整欣赏绘本，整体把握故事。

师：这个故事真有趣，我们再一起听一听。（播放 PPT）

（幼儿在边听、边看、边说中进一步了解不同大小、吃不同食物的动物排泄出来的粪便的大小、颜色、形状都不相同）

4. 引导拓展阅读，促进经验迁移。

师：动物们“嗯嗯”很随意。我们人类“嗯嗯”应该去哪里？

幼：去厕所。

师：对了。

师：今天小朋友们知道了不少动物的便便是什么样的，也知道我们“嗯嗯”要去厕所。大家可以查阅图书，收集资料，询问爸爸妈妈，然后再来交流这个问题。

【活动反思】

本活动贴近幼儿生活，开头以“‘嗯嗯’是什么意思”这一问题引起幼儿的注意，同时也激发了幼儿的阅读兴趣。接着以“小鼹鼠去问了哪些动物”为引导性问题，一以贯之，引导幼儿自主阅读，观察、想象、表达，初步建立图片与语言之间的关系。然后教师组织集体阅读交流，引导幼儿完整欣赏故事，讨论看到了什么，相互启发，相互交流，更好地理解故事内容，感知故事中有趣的情节，把故事中小鼹鼠寻找肇事者的过程表现出来。

本活动的重点与难点是“了解各种动物的便便是不一样的”。在活动中，幼儿对于便便的形状、颜色、大小等观察得比较仔细，大多数小朋友都能说出不同动物便便的形状、颜色，能清晰地用语言表达出来，如：鸽子的便便是白色的、湿湿的，马的便便是大大的，兔子的便便像一粒粒豆子，山羊的便便像咖啡色的小球等。在整个活动中幼儿都非常兴奋与好奇。随着活动的层层深入，幼儿不但了解了不同动物的便便是不一样的，还知道人类“嗯嗯”时要去厕所，这也有助于他们养成良好的生活习惯。

（设计：江苏省南通市通州区通州幼儿园王建琴）

调查与研究：赴实践基地开展观察与调研，了解幼儿园集体阅读活动与阅读区阅读活动有什么不同。

任务 3

制定学前儿童早期阅读活动的目标

任务目标

1. 能够从情感与态度、认知、能力三个维度理解学前儿童早期阅读活动的总目标。
2. 能够理解小班、中班、大班三个阶段学前儿童早期阅读活动的目标要求。
3. 能够根据幼儿年龄特点和特定的话题制定学前儿童早期阅读活动的目标。

知识链接

《纲要》指出，幼儿园要积极“利用图书、绘画和其他多种方式，引发幼儿对书籍、阅读和书写的兴趣，培养前阅读和前书写技能”。学前儿童早期阅读活动应帮助幼儿懂得图书阅读的重要性，初步获得运用书面语言的经验，增强对书面材料的敏感性，发展运用图画、符号、标记（模拟书写）等获取和表达信息的基本技能和能力，为幼儿从口头语言向书面语言的过渡奠定基础。

一、准确把握学前儿童早期阅读活动的维度目标

（一）情感与态度目标

激发幼儿浓厚的阅读兴趣，帮助幼儿养成自觉的阅读态度和良好的阅读习惯是学前儿童早期阅读活动的重要任务。阅读的兴趣、态度和习惯都属于非智力因素，却是影响早期阅读活动成败的重要因素。阅读兴趣是幼儿求知的开端。自觉阅读的态度是幼儿主体意识发展的表现。良好的阅读习惯可以为幼儿的终身学习奠定坚实的基础。

学前儿童早期阅读活动的情感与态度目标主要有以下两个。

（1）热爱书籍，养成自觉阅读图书的习惯。书籍是书面语言的实际载体，也是人类知识的宝库。在早期阅读活动中，幼儿可以大量接触图书。图文并茂、生动形象的图书对幼儿具有极大的吸引力。他们可以在阅读图书中理解故事内容，体验愉悦的情绪，并与教师、同伴分享阅读的乐趣。教师要引导幼儿学会爱护图书，如不撕书、不乱扔书、看一本书取一本书、看完书后要放回原处等，并引导幼儿逐步形成良好的阅读习惯。

（2）学会观察符号，激发探索文字的愿望。文字是符号体系中含义最丰富、容量最大的符号。早期阅读活动应激发幼儿对各种符号的敏感性，引发他们探索文字符号的积极性。幼儿的生活中有各种各样的符号，与文字相关的其他符号系统也不少，如手势语、标志、符号等。幼儿对生活中的各种符号都会表现出极大的好奇心。适当的引导可以激发幼儿探索文字的兴趣，有利于幼儿成为自主学习、掌握文字的人。

（二）认知目标

人类语言的两大形式是口头语言和书面语言。这两种语言对人们的生活都有着重要的作用。学前阶段是幼儿口头语言发展的关键期。为了帮助幼儿更好地学习口语，并为下一阶段的书面语言学习做好准备，教师在学前阶段有必要帮助幼儿初步感知、认识书面语言，初步了解口头语言与书面语言的对应关系，感知这两种语言符号系统的差异，明确书面语言与口头语言具有同等的重要性。

学前儿童早期阅读活动的认知目标主要有以下三个。

（1）懂得书面语言与口头语言都可以储存信息，但书面语言文字的记录储存方式具有可视的特点。

（2）懂得书面语言与口头语言都可以用来表达思想，口头语言是直接说出来的，而书面语言是用文字写出来的。

（3）懂得书面语言和口头语言都是人们的交际工具，但是交际的方式不同，书面语言可以不受时间和空间的限制。

议一议： 你认为学前儿童早期阅读活动的情感与态度、认知、能力三维目标有什么区别与联系？

（三）能力目标

学前儿童早期阅读活动的能力目标主要包括以下两个。

（1）掌握阅读的基本方法。

（2）具备基本的阅读能力。

在学前阶段，幼儿应该掌握的阅读基本方法和技能有：① 拿书、翻书的方法。② 指读、浏览的方法。③ 根据目录找到相应书页的方法。④ 预测阅读内容的方法。⑤ 自我调适的技能。

例如，阅读故事图书时，幼儿能够有意识地依据画面的线索，大胆预测、想象故事情节的发展，预测故事的过程和结局。这种预测能力可以有效地帮助幼儿理解阅读的具体内容，并不断丰富阅读经验。

又如，幼儿在叙述图书内容时，发现自己所使用的语言符号不符合书面语言的习惯，随即予以调整，这就是幼儿自我调适的技能。这种能力由幼儿自己发现误差并主动纠正误差的策略机制决定，它需要幼儿能敏锐地发现错误并及时进行自我纠正。这种不靠外部纠正而随时敏感地自省领悟的能力对幼儿学习书面语言十分重要。

拓展阅读

幼儿阅读图书需要什么样的能力①

幼儿尚未到达凭借书面文字阅读的阶段，他们所面对的是大量图文并茂或以图为主的读物。最能吸引幼儿并最具挑战意味的是有故事情节的图书。而能够阅读那些图画故事的幼儿需要具有特殊的语言文学理解力，这具体包括以下几方面的能力。

1. 艺术观察力。在阅读图书中幼儿需要观察，但此时的观察不同于生活中对某一实物的观察。幼儿在阅读图书时注视的是一种平面的由色彩线条构成的固定图像。他们要通过这些美术形象来把握画面的人物和景物，并且在观察中发现人物动作、表情和背景的变化，从而进一步认识图像的意义。阅读时幼儿会不会注意这些美术形象，能不能抓住画面的重点，往往直接影响他们对图书内容的理解。

2. 不同符号系统的转译能力。图画读物是由美术符号和语言符号两种符号构成的。美术符号用色彩线条和图形来构成画面，语言符号则通过文字存在于图书中。幼儿尚不识字，阅读时必须将图书的美术符号转译成语言符号。当他们看到一幅有房子、大树背景以及一个小姑娘的画面时，就立刻想到“房子、大树、小姑娘”或者进一步想象“小姑娘家的房子，旁边有一棵大树”，“小姑娘在家门口的大树下玩”等。这种能力，我们称之为不同符号系统的转译能力。

3. 想象力。画面仅给幼儿提供一些直观的形象，幼儿在阅读时还需要依靠想象进行加工。这是把画面中的人、物、事、景想象成生活中真实存在的过程，也是由静态到动态、由零碎到完整、由无声到有声的加工过程。幼儿要调动个人的经验来进行想象，尤其是页与页之间的联系，更需要幼儿依据故事发展的线索进行补充想象。因此，想象在幼儿阅读理解中占有重要地位。

4. 内部结构故事图式语言能力。幼儿在阅读图书时，通过观察把握画面内容，将之转译成语言，并进行想象。与此同时，必不可少的一种能力是内部结构故事图式语言能力。比如，幼儿看到“房子、大树、小姑娘”和“小鸟、小姑娘、房子、大树”两幅画面，他们要转译、想象并结构这样的语句：“有一个小姑娘，她有一座漂亮的房子。有一天她在大树下玩，小鸟飞来对她说……”内部结构故事图式语言是一个与观察、转译、想象密切结合的艺术思维过程。幼儿往往会用说出来的方式表现他们的故事图式语言，边结构边做外化反应。

上述几种主要的能力综合起来，便形成了幼儿在阅读图书时必须具有的语言文学理解力。我们如果用加德纳语言智能的观点来给这种理解加以注释，就可以认为，幼儿阅读图书也是一种语言的核心操作过程，包含语法句式感知、语言音韵节奏感知和不同语言风格感知三个层次。

二、精准定位学前儿童早期阅读活动的年龄段目标

（一）小班（3~4 岁）幼儿早期阅读活动目标

（1）喜欢阅读图书，学会读书的基本方法，能初步看懂单幅图画书的主要内容，知道一些有关图书的信息，如图书有封面、封底、作者等。

① 周兢．幼儿园语言文学教育活动［M］．北京：中国广播电视出版社，1992：109-111．（有改动）

（2）喜欢听成人讲述和朗读图画书的内容。

（3）能用口头语言将图画书的主要内容说出来，开始感受语言与其他符号的转换关系。

（4）对文字感兴趣，能理解图画书上的文字和画面的对应关系，能在成人的启发下认读简单的文字。

（5）爱护图书，不乱撕、乱扔。

（二）中班（4~5岁）幼儿早期阅读活动目标

（1）初步掌握阅读的基本方法，懂得阅读时按从上到下、从左到右、从前到后的顺序，一页一页地翻书等，能仔细观察图画书画面的人物细节，看懂单页多幅图画书的内容，根据连续画面提供的信息大致说出故事的情节，逐渐增强预知故事情节发展和结尾的能力。

（2）懂得爱护图书，知道图书的构成，有兴趣模仿制作图书。

（3）知道一些常见简单标记和符号代表的特定意义，有主动探索汉字的愿望。保持正确的书写姿势，喜欢描画简单的图形，愿意用符号或图画来进行表达，认识常见的书写的辅助工具，如橡皮、尺子等。

（4）能集中注意力倾听成人讲述和朗读图画书内容，理解书面语言。

（三）大班（5~6岁）幼儿早期阅读活动目标

（1）有独立翻阅图画书的兴趣，能看懂单幅画面包含的多种信息，说出连续画面内容的关系，并能注意在生活中运用已掌握的书面语言。

（2）能与同伴合作制作图画书，进一步了解图画书的构成。

（3）知道图画书画面与文字的对应关系，开始有兴趣阅读图画书中的简单文字，积极学认生活环境中常见的汉字，了解汉字认读的规律。

（4）在有趣的图形练习中做好写字的准备，培养良好的书写习惯，掌握基本的书写姿势，主动保持正确的握笔姿势和坐姿，会写自己的名字，可以用图画和简单的符号表达一定的意思。

拓展阅读

学前儿童早期阅读活动为幼儿提供的早期阅读经验

根据《指南》，从学前儿童早期阅读活动的目标出发，学前儿童早期阅读活动为幼儿提供的早期阅读经验主要包括三方面的内容。

（一）前阅读经验

图书是书面语言的载体，是学前儿童阅读能力发展的重要媒介。幼儿阅读的图书由图画和文字两种符号系统构成，具有图文并茂、色彩丰富、内涵丰富的特点。教师借助丰富多彩的图书来帮助幼儿进行早期阅读，习得阅读图书的行为经验。

幼儿要学会阅读，需要积累相应的行为经验。一个有着良好阅读能力的幼儿，应该具有必备的阅读态度、行为和能力等经验。这些经验主要包括：第一，正确翻阅图书的经验。幼儿要掌握翻阅图书的一般规则与方法，知道封面在哪里、如何拿书、如何翻页。第二，读懂图书内容的经验。幼儿要学会观察画面，从画面来发现人物的表情、动作和背景，同时将看到的内容联系起来，从而理解故事的情节。第三，理解图书画面、文字与口语对应关系的经验。会用口语讲述画面内容，或听成人念图书，知道其是在讲故事的内容。第四，制作图书的经验。知道图书是由作家将故事用文字写出来，画家又用图画表现出来，然后由专人印刷装订成册的。可以自己尝试做小作家、小画家，把自己想说的事情画成一页一页的故事，再装订成图书。

（二）前识字经验

学前儿童早期阅读活动要有目的、有计划地帮助幼儿获得前识字经验，提高他们对语言文字的敏感度。一般而言，幼儿识字主要是对字形的再认，通常不包括对字形的再现。研究表明，幼儿已经具有模式识别的能力，能够把观察到的各种图形符号印象存储于大脑，并形成模式记忆。当面对新的刺激信息时，幼儿就会把新信息与大脑中原有的信息进行比对。如果新信息与原有模式相匹配，幼儿就能辨认出已经认识的模式。幼儿把握字形与具体实物的联系，比掌握语言与具体实物的联系更容易，他们往往把一个字或多个字组成的词作为一个整体的模式来感知。与其说幼儿是在识字，不如说是在辨认图谱。

学前儿童早期阅读活动要让幼儿习得六个方面的前识字经验：第一，知道文字的具体意义，可以念出声音来，可以把文字、口语与概念对应起来。第二，理解文字的功能、作用。知道说的话可以写成文字，变成书，变成信，传递给他人并被理解。第三，初步了解文字的起源与演变。了解文字是怎样产生的，是如何演变成今天的样子的。第四，知道文字是一种符号，可与其他符号系统进行转换。第五，知道文字和语言的多样性。认识到世界上有各种各样的语言和文字，同样的意思可以用不同的语言文字来表达，不同语言文字之间又可以互译。第六，了解识字的规律。在前识字学习中，教师应让幼儿明白文字有一定的构成规律，掌握这些规律就可以更好地识字。把握这些规律，往往能够激发幼儿识字的兴趣，促进幼儿主动探索，认识生活中见到的文字。

（三）前书写经验

幼儿在阅读后，有什么感受和想法，有什么经验的迁移，有什么需要分享的内容，都可以在口头表达的基础上“写”出来。只不过这种“写”，不是直接写字，也不是写作，而是随心所欲的涂鸦，或简单的线条绘画，表达的是幼儿的内心世界。比如，画出阅读材料中某个特殊情景，画出自己喜欢的角色等。在这样的写写画画中，幼儿会逐步掌握书写的技巧，产生书写的兴趣。

尽管我们不要求幼儿专门认识汉字，学习写字，但他们还是需要获得一些有关汉字书写的信息，这有助于他们进入小学后正式学习书写。第一，认识汉字独特的书写风格，知道汉字的基本间架结构，如上下结构、左右结构等。第二，了解书写的初步规则，尝试用有趣的方式练习基本笔画。第三，知道书写汉字的工具，初步了解铅笔、钢笔、圆珠笔、毛笔的不同特点。第四，养成正确的书写姿势，包括规范的坐姿、握笔姿势等。

议一议： 怎样在不同阶段的学前儿童早期阅读活动目标之中体现前阅读、前识字和前书写经验的发展要求？

三、清晰表述学前儿童早期阅读活动的具体目标

学前儿童早期阅读活动目标的制定必须契合《纲要》的精神，突出情感、兴趣、态度、个性、

能力等价值取向，全面体现学前儿童早期阅读活动的维度目标和年龄段目标。学前儿童早期阅读活动的具体目标可以从以下几个方面进行细化分解。

（一）情感与态度方面

情感与态度方面的目标主要涉及阅读兴趣、阅读态度等，如热爱阅读、爱护图书，喜欢观察书面语言信息（包括以印刷形式呈现的各种色彩、图像、符号及文字等），对认读汉字有兴趣，对文字有好奇心和探索欲望，能积极主动地参与阅读活动，愿意分享看到的图片内容，懂得并遵守语言交往中的一般规则。

（二）认知方面

认知方面的目标主要包括认识图书的结构，学习阅读的基本方法，懂得按顺序逐页地翻阅图书，初步建立对图画符号与文字符号、口头语言与书面语言之间的对应转换关系的认识。

（三）能力方面

能力方面的目标主要包括培养对书面语言信息观察模拟、预期猜测、自我调适以及连贯表述的能力，培养前阅读、前书写的技能等。

学前儿童早期阅读活动的目标应将良好的阅读情感与态度放在首位，突出阅读指导的重点，让幼儿在充满快乐的氛围中阅读，进而带动其他方面目标的实现，促进幼儿阅读素养的全面提高。

拓展阅读

学前儿童早期阅读活动具体目标设计的注意事项

在组织学前儿童早期阅读活动前，教师应根据幼儿实际水平、兴趣和需要进行分解和细化，选择好教材，深入分析，提炼核心教育价值，制定活动目标。

设计具体活动目标时要注意：

(1) 准确理解三维目标，并注意合理排序。

(2) 在多项目标中要有所取舍，目标的数量要适宜。

(3) 不同类的目标不要混淆在一个条目里。

(4) 目标表达要具体，核心目标要突出。

(5) 目标要符合幼儿年龄特点，确保幼儿可达成。

调查与研究： 赴实践基地观摩学前儿童早期阅读活动，说说教师是如何制定具体的学前儿童早期阅读活动目标的。

任务 4
掌握学前儿童早期阅读活动的一般过程

任务目标

1. 理解学前儿童早期阅读活动一般过程的基本环节。
2. 掌握学前儿童早期阅读活动过程各环节的基本要求。

知识链接

学前儿童早期阅读活动应依据幼儿年龄特点和学习发展规律，采用灵活多样的方式来组织。早期阅读对幼儿来说既是一个单纯的审美愉悦过程，又是一个道德教化的过程，还是一个复杂的认知过程。这一认知过程不仅涉及对相关文本文字的解码，也涉及复杂的判断、推理、反思等一系列思维过程。学前儿童早期阅读活动的一般过程主要包括以下几个基本环节。

一、前期准备

由于经验和知识的积累有限，幼儿对图书的情节不够熟悉或难以理解时，就无法积极主动地阅读。为了确保阅读活动的成效，教师要认真进行阅读的前期准备工作，包括阅读材料的选择、呈现和放置，阅读环境的创设，幼儿阅读习惯、方法及相关经验的准备等。

（一）提供个性化的阅读材料

《纲要》提出：教师要“利用图书、绘画和其他多种方式，引发幼儿对书籍、阅读和书写的兴趣，培养前阅读和前书写技能”。不同年龄阶段的幼儿有着不同的认知发展水平，所以我们必须为他们选择相应的阅读材料。

小班幼儿以无意注意为主，认知水平低，身心发育不完善，所以我们为该年龄段幼儿提供的阅读材料一定要色彩鲜艳、内容浅显、情节有趣，能在瞬间把他们的注意力吸引过来，并随着情节的趣味性发展，逐步引导他们的无意注意转为有意注意，思维过程由无序转为有序。例如，一些水果造型的、书页呈折叠型的、镂空型的阅读书籍就是能瞬间吸引小班幼儿眼球的有趣读物。还有一些画面鲜艳、情节很有趣的图画书也是非常适合小班幼儿阅读的材料。

中班幼儿处于具体形象思维阶段，有了较为持续的有意注意，但注意时间仍然比较短，所以角色太多、背景复杂的阅读材料不适合中班幼儿，而角色单一、情节过于简单的阅读材料也不适合。这一阶段的幼儿更适合阅读一些情节比较紧张、角色个性差异比较明显的故事。

大班幼儿已具备一定的观察、理解能力，且乐于探究、乐于思考，所以为他们提供的阅读材料宜情节丰富、具有挑战性、形式多元。首先，内容上要涉及各个主题，如冶情类、益智类、健康类等。其次，表现形式要多样化，如自制类、拼图类、剪纸类等。另外，多元化的听、说、看、表演等半成品材料也能很好地激发幼儿的阅读兴趣，增强其语言表达能力、表现力。

调查与研究： 赴实践基地开展调研，了解幼儿园为小班、中班、大班幼儿准备了哪些图书，这些图书有什么特点，不同年龄班幼儿分别对哪一类图书比较感兴趣。

（二）创设良好的阅读环境

适宜的物质和心理环境能激发幼儿学习的欲望，增强幼儿主动活动的意识，从而促进幼儿语言能力的发展。所以，培养幼儿早期阅读能力要从物质环境和心理环境两方面入手。

首先，创设舒适、开放的阅读环境。教师应为幼儿提供相对安静的地方，尽量减少干扰，保证幼儿能够自主阅读。幼儿阅读的地方可以是一个房间，或者室内一个区域，或者一个主题墙、一个作品展览区等。若是在专门的房间阅读，那房间可以不是很大，但一定要有良好的采光条件、色调，同时最好有适宜的桌椅或地垫、靠垫，便于幼儿舒适地阅读。

其次，提供丰富的阅读材料。阅读环境中应有一定数量、符合幼儿年龄特点、富有童趣的图画书。阅读材料的数量应多于区域内幼儿人数的双倍数量，以满足不同层次幼儿的自主选择需要。材料一定要放在幼儿易于取放的位置。

再次，创设自由、宽松的语言交往环境。幼儿语言能力是在交流和运用的过程中发展起来的。教师要鼓励和支持幼儿与成人、同伴交流，让幼儿想说、敢说、喜欢说并能得到积极回应。教师可以根据阅读的内容创设主题墙，设置专门的作品区，为幼儿营造开放、自主的阅读环境与氛围，以便幼儿与教师、同伴一起交流阅读过程中的感受。

调查与研究： 赴实践基地开展调研，说说幼儿园为幼儿创设了怎样的阅读环境，有没有需要改进的地方。

（三）引导幼儿做好相应的经验准备

在幼儿阅读经验的准备方面，如果幼儿对图书中的内容不熟悉，教师就有必要先让幼儿浏览一下图书，适当分析一下阅读符号的特点等，为正式阅读活动的开展打好基础。

前期准备只是正式阅读活动的铺垫，并不是正式的阅读活动。这一阶段要求幼儿大概了解阅读内容，不需要对阅读内容非常熟悉，否则将会影响正式阅读时的兴趣。

调查与研究： 赴实践基地开展调研，了解教师是怎样引导幼儿进行阅读前的经验准备的。

二、自主阅读

所谓自主阅读，就是让幼儿独立地、主动地、自发地阅读。教师可用有趣的方式发出阅读信息，并在组织阅读活动前创造让幼儿自主阅读的机会。这一过程将图书呈现在幼儿面前，让幼儿自由地接触图画和文字，获得对图书的真切感受和理解。

（一）给予幼儿自主阅读的机会

教师在简单介绍完图书的名称及封面之后，就要让幼儿自主阅读。此时，幼儿可以小声地边翻阅图书边讲述，也可以在翻阅后讲述。这时的讲述主要是幼儿独自讲述，一般不与同伴发生语言交往。

（二）适时给予幼儿指导

教师介入自主阅读的方式很多，可采用提问的方式，向幼儿提出一些具有启发性的问题，引导幼儿边阅读边思考，帮助幼儿理解图书内容中的重点和难点；也可以用多媒体整体展现阅读材料，引导幼儿仔细阅读图书中的细节部分，更好地把握故事情节。

对阅读存在困难的幼儿，教师可以为他们建立比较特殊的个别指导计划，针对他们在阅读活动中出现的问题给予单独的指导。

调查与研究： 赴实践基地观摩学前儿童早期阅读活动，说说教师是如何引导幼儿进行自主阅读的。

三、师幼共读

师幼共读就是教师与幼儿一起阅读，在幼儿自主观察和接触的图书信息的基础上，教师带领幼儿进一步阅读，学习并理解阅读材料。在这个过程中，教师与幼儿共同分享读书乐趣。这个环节又可以分为三个阶段。

（一）引导幼儿大致理解图书内容

通过前两个环节的活动，幼儿对图书的主要内容和情节已经比较熟悉。在共读环节，教师首先要引导幼儿理解图书的大致内容。常见的引导方式是提问。教师明确阅读的重点，围绕重点设计几个相互关联的问题，引领幼儿再次阅读材料，寻找需要的语言信息。一个问题可以涵盖多个画面，幼儿必须理解 1~2 幅甚至多幅画面的内涵才能做出回答。

在这个过程中，教师不是告诉幼儿具体的学习内容，而是通过提问与幼儿一起看书、朗读，将要求幼儿学习掌握的书面语言信息贯穿到阅读过程中，并用自己的行为、态度、情绪感染幼儿，帮助幼儿感受和理解图书的丰富内涵，建立起热爱阅读的情感，帮助幼儿尽快从依赖性阅读过渡到独立阅读。

（二）围绕重点、难点开展阅读活动

每个阅读活动都有各自的重点和难点问题，对此，教师要做到心中有数，在活动中注意突出重点、突破难点。教师一定要在整体观察、了解幼儿阅读情况的基础上，结合重点、难点问题对幼儿进行必要的指点，引导幼儿将图书的细节与内容结合，进而深入理解图书的内容，体会图书

中人物的内心感受。

在师幼共读过程中，教师要善于适时组织讨论，引发幼儿思考，引导他们不断确认、扩展和修正自己对故事内容的理解。

（三）引导幼儿归纳图书的主要内容

在幼儿对图书的主要内容有深入的理解后，教师要鼓励幼儿用自己的语言将主要内容总结、归纳出来。归纳图书主要内容的方法主要有三种：

（1）一段话归纳法。这种方法要求幼儿用一段话将图书的主要内容总结出来。这种归纳法的要求不高，只要求幼儿能将图书的主要内容讲述出来，适合在小班和中班前期使用。

（2）一句话归纳法。这种方法要求幼儿用一句话将图书的主要内容总结出来。

（3）图书命名法。这种方法要求幼儿用简练的词或短句给图书命名，也就是让幼儿学习归纳图书的主题。

第二和第三种方法要求较高，要求幼儿在理解图书内容的基础上，用简短的语句准确概括图书的主要内容，图书命名法还需要幼儿具有丰富的想象力和一定的创造性思维。

师幼共读是教师与幼儿一同阅读，分享阅读快乐的过程。在这个过程中，教师要努力营造温馨、愉悦的环境。在这样的环境中，教师可静静地坐在幼儿中间，与他们一起阅读，用自己的专注去感染幼儿，让幼儿潜移默化地受到影响；可根据幼儿阅读所需，提供必要的支持。另外，对幼儿在阅读中表现出来的闪光点，教师应给予肯定，让幼儿获得被认可的成功感，从而强化幼儿的早期阅读欲望，促进幼儿自主阅读。

拓展阅读

如何组织早期阅读中的讨论

早期阅读中的讨论有集体讨论和小组讨论两种。集体讨论一般是在班集体的阅读活动中进行，通常由教师就绘本的关键内容提出一个问题，引发全班幼儿讨论。这种方法教师用得很多，但在这个过程中教师要避免留给幼儿思考讨论的时间过短，不能急于自问自答，或急于喊个别幼儿作答而忽略多数幼儿的思考。教师要善于创设情境，引导幼儿共享图书中的生动画面。小组讨论一般发生在幼儿自主阅读过程中。几个幼儿在共同阅读讨论一本图书时，往往会就某个问题自然地进行探讨甚至争论。此时教师要学会“袖手旁观”，倾听幼儿的声音，也可参与其中讨论，了解他们在看什么、讨论什么问题、有什么困难等，但不要把自己的意愿强加给幼儿，以免干扰幼儿的思维和想象。

在早期阅读过程中，幼儿之间的讨论、交流、互动与分享共同构成了早期阅读五彩缤纷的世界。他们分享各自对作品的不同理解，也共享着各自心中由阅读而激发起的美好感情。

调查与研究： 赴实践基地观摩学前儿童早期阅读活动，说说教师是如何组织开展师幼共读活动的。

四、迁移阅读

迁移阅读是阅读活动总结性的环节。在这一环节中，教师通过归纳阅读内容，提炼阅读经验，引发幼儿的自主表达，让幼儿通过多种方式表达阅读中的所见所闻、所思所想，在多维的表达中迁移阅读经验，进一步丰富阅读感受，增强对材料的认识和理解。教师不仅要引导幼儿学会观察、想象、推理，对画面形成自己的认知，也要注意引发幼儿情感的共鸣，激发幼儿内心真实的情感。因此，迁移阅读在阅读活动中是不可忽略的环节。

总之，开展早期阅读活动，目的是让幼儿在阅读中感受、体验、理解作品，进而迁移经验，进行想象表达。教师在学前儿童早期阅读活动中必须明确意识到自己的主导作用，注重为幼儿提供良好的语言信息和阅读氛围，引导幼儿与图书中展示的人、事、物相互作用，积极主动地去感知理解、探索发现、思考迁移，发展其观察力、想象力，从而真正地增强幼儿的阅读理解、欣赏表达的能力。

拓展阅读

迁移阅读的几种形式

1. 编述故事——用语言表达想象和创造。

在阅读中，幼儿的视觉、听觉、感受和思维是同时发生的。经过阅读，幼儿的记忆里留下的不仅有表象、概念，而且有思想、情感。教师要鼓励幼儿进行讲述，在发现中表述，在讨论中表述，说出自己看到的图画故事。同时，教师要引导幼儿大胆地与同伴讨论问题，把想到的事情或故事的发展变化与教师、同伴分享，在与教师、同伴的互动中吸收、内化阅读经验，使幼儿潜在的智慧得以发展，精神世界得到丰富。

2. 绘画故事——用图画表达深层认识。

阅读活动讲究与幼儿的思维特点相吻合，与幼儿的生活经验相呼应。在阅读后，教师可与幼儿共同创设与阅读材料相呼应的情境，制作头饰、臂饰、手偶等，让幼儿在具体、形象、生动的创作中表达对阅读材料的认识和感受。幼儿在观察材料、运用材料等与材料的互动中，感受阅读带来的愉悦感。

3. 表演故事——用肢体表达深刻理解。

在幼儿园的早期阅读活动中，除了“读”和“说”，教师还倡导“做”和“演”。“做”是绘本阅读中重要的一部分，它体现了教师的民主性。在情境创设中，教师会让幼儿参与其中，如幼儿在教师的指导下，共同收集材料，有个性地装饰材料等。“演”是绘本阅读中幼儿最喜欢的形式，能极大地满足幼儿好动、爱表现的欲望。幼儿通过扮演角色，表演作品，体验作品，充分发挥了主动性和创造性，既发展了自己的语言表达能力，也增强了自己对文学美的感受能力。

调查与研究： 赴实践基地观摩学前儿童早期阅读活动，说说教师是如何引导幼儿迁移阅读经验的。

任务 5

学前儿童早期阅读活动研究与实践

任务目标

1. 认真阅读案例，能够从主题、设计意图、目标、过程等不同的维度整体把握学前儿童早期阅读活动设计的基本要求。

2. 能够对案例进行评析，学习环节设计与安排的“亮点”与特色。

3. 尝试根据方案进行活动模拟，增强活动调控能力。

4. 能结合实践观察记录，概括学前儿童早期阅读活动的主要环节，并评价其得失。

5. 确定对象，设计一次学前儿童早期阅读活动，尝试实践并反思。

案例研究

大班早期阅读活动：春天的色彩

【设计意图】

春天悄悄地走进了我们的校园。虽说春天的脚步静悄悄的，可是也躲不过孩子们敏锐的目光。《春天的色彩》这个优美的文学作品，旨在以色彩为切入点，从多方位、多维度带给幼儿美的感受，引导幼儿大胆尝试运用画画、编编、讲讲的方式充分感受和表现春天的色彩。

【活动目标】

1. 欣赏绘本，感受春天的美丽。

2. 通过画画、编编、讲讲，大胆表达对春天色彩的感受。

3. 学习创编，体验创编的乐趣。

【活动准备】

1. 《春天的色彩》课件、班得瑞《春野》的音乐。

2. 不同色系的油画棒、记号笔、画纸。

【活动过程】

一、创设情境，理解绘本

1. 完整欣赏绘本。（教师一边演示课件，一边朗诵）

师：（演示课件）小朋友们，我们一起来看大屏幕上有谁？在干什么？

幼：小熊在睡觉。

师：猜猜它在哪里睡觉？

幼：家里、森林里、树洞里……

教师带领幼儿边看课件边朗诵。

2. 教师提问。

师：谁告诉了小熊春天的颜色？

幼：小草、小白兔、草莓。

师：它们是怎么说的？（引导幼儿用作品中的语言表述）

师：小草为什么说春天是嫩嫩的绿色呢？

幼：因为春天来了，小草变绿了。

师小结：对，春天来了，小草变绿了，所以小草告诉小熊，春天是嫩嫩的绿色。

师：小白兔为什么说春天是跳跳的白色呢？

幼：因为小兔会蹦跳，是白色的。

师小结：春天来了，天气暖和了，小白兔也蹦蹦跳跳地出来了。所以小白兔告诉小熊春天是……（引导幼儿接下去说）

师：草莓为什么说春天是甜甜的红色呢？

幼：因为草莓是甜甜的、红色的。

师小结：草莓是甜甜的、红色的，所以草莓告诉小熊春天是……（引导幼儿接下去说）

3. 共同讨论。

师：小熊知道了，原来春天有绿色、有白色，还有红色。

师：春天还有什么色彩呢？

幼：还有粉红色、橙色、紫色、黑色、蓝色……

二、大胆绘画，表现春天色彩

师：请小朋友们把刚才说的春天的色彩画出来，告诉小熊春天来了。（幼儿操作）

三、学习创编，迁移阅读

1. 展示作品，交流创编内容。

师：这只蓝色的蝴蝶是谁画的？引导幼儿说出蝴蝶告诉小熊，春天是……（创编完整的语言）

幼：蝴蝶告诉小熊，春天是飞来飞去的蓝色。

师：请画太阳的小朋友来说一说。

幼：太阳告诉小熊，春天是暖暖的红色。

师：请画毛毛虫的小朋友说一说。

幼：毛毛虫告诉小熊，春天是扭来扭去的绿色。

…………

2. 整体欣赏（播放课件）。

师：刚才我们告诉了小熊那么多春天的色彩，我们也把它编进故事里好吗？

集体欣赏文学作品，教师说题目“春天的色彩”，和幼儿一起边看边说，并把幼儿续编的内容添加进去。

加上结束语：看了小朋友们的画，小熊突然激动地叫起来，“我知道了，我知道了，春天原来是五彩缤纷的”。

四、结束活动

师：小朋友们，我们一起到外面去找一找春天还有哪些色彩，再来告诉小熊吧。

（设计：江苏省南通市通州区通州幼儿园王向红）

案例评析：

观点参考

实践反思：

资源链接

大班绘本教学活动设计：花婆婆

大班绘本阅读活动：冷静，再冷静

实践探究

1. 赴幼儿园观摩学前儿童早期阅读活动，认真记录并概括活动的主要环节，研讨分析其得失。

观察对象：		活动主题：		时间：	
活动记录：					

续表

概括主要环节：
简要评析：

2. 确定好对象，完整设计一份早期阅读活动方案，尝试实践，并进行反思研讨，提出改进意见。

活动对象：		活动时间：	
活动主题：			
活动目标：			

续表

活动准备：
活动过程：
活动反思：

思考与总结

1. 学前儿童早期阅读活动的内涵与特点是什么？

2. 说说如何制定学前儿童早期阅读活动的目标。

3. 说说学前儿童早期阅读活动的一般过程有哪几个环节，在这个过程中教师如何进行前期准备、自主阅读、师幼共读、迁移阅读指导。

专题 6

学前儿童听说游戏活动

学习目标

• 知识目标

1. 理解学前儿童听说游戏活动的内涵、特点及类型。

2. 理解学前儿童听说游戏活动的目标及一般过程。

• 能力目标

掌握学前儿童听说游戏活动设计和实施的基本要求。

• 素质目标

关心幼儿生活，能根据幼儿兴趣和需要选取适合的听说游戏，认真进行活动的设计与准备，耐心细致地引导幼儿充分感受听说游戏的快乐，促进幼儿的语言发展。

任务导览

- 专题6 学前儿童听说游戏活动
  - 任务1 理解学前儿童听说游戏活动的内涵与特点
    - 学前儿童听说游戏活动的内涵
    - 学前儿童听说游戏活动的特点
  - 任务2 认识学前儿童听说游戏活动的类型
    - 语音练习游戏活动
    - 词汇练习游戏活动
    - 句子练习游戏活动
    - 描述练习游戏活动
  - 任务3 制定学前儿童听说游戏活动的目标
    - 准确把握学前儿童听说游戏活动的维度目标
    - 精准定位学前儿童听说游戏活动的年龄段目标
    - 清晰表述学前儿童听说游戏活动的具体目标
  - 任务4 掌握学前儿童听说游戏活动的一般过程
    - 创设游戏情境
    - 交代游戏规则
    - 引导开展游戏
    - 幼儿自主游戏
    - 组织总结评价
  - 任务5 学前儿童听说游戏活动研究与实践
    - 案例研究
    - 实践探究

情境导入

游戏是幼儿一日生活中最为基础的活动，也是幼儿最乐于参与的活动。在游戏中，幼儿身心愉悦、积极性高，注意力高度集中，所获得的发展也最为显著。如果语言教育活动中融入游戏形式，幼儿的许多语言发展目标就会轻松自然地达成。听说游戏作为语言教育中的一种常见游戏活动，对幼儿语言发展具有重要的促进作用。那么，学前儿童听说游戏活动究竟是什么？它与一般的游戏活动相比，具有哪些特点？可以分为哪些类型？我们又该怎样制定学前儿童听说游戏活动的目标和内容，怎样组织这类活动呢？

任务 1
理解学前儿童听说游戏活动的内涵与特点

任务目标

1. 理解学前儿童听说游戏活动的内涵。
2. 理解学前儿童听说游戏活动的特点。

知识链接

学前儿童听说游戏活动既不同于一般的游戏活动，也不同于常说的语言游戏，而是一种特殊形式的学前儿童语言教育活动。

一、学前儿童听说游戏活动的内涵

学前儿童听说游戏活动是一种以游戏形式组织的语言教育活动。它将语言元素纳入游戏情境之中，通过执行预定的游戏规则，为幼儿提供丰富的互动机会，激发幼儿主动参与的积极性和语言学习的兴趣。在快乐的听说游戏活动中，一些原本可能机械的语言学习变得鲜活、灵动起来。

（一）学前儿童听说游戏活动是游戏活动

游戏性体验是语言与思维发展的前提。学前儿童听说游戏活动由教师设计、组织，游戏过程中教师的主导性较强。但是，这种游戏活动一定是能体现游戏精神，具有游戏情节，幼儿喜闻乐见、有兴趣自愿参加的游戏活动。死板、呆滞的语言训练不但对幼儿的语言发展无益，而且严重影响幼儿的心理健康。

（二）学前儿童听说游戏活动是语言教学游戏活动

语言游戏是一个相对固定的概念，指的是幼儿在语言发展过程中自发地“玩语言”的一种现象。例如，3 岁的幼儿第一次听到大人用“你知道不”发问后，随即编出诸如“不知道你”“不你知道”“知道你不”等句子。显然，这些句子没有具体目的和意义，带有强烈的自娱意味。学前儿童听说游戏活动是语言教学游戏活动，是为培养幼儿倾听和表达能力而设计的，活动内容主要集中在幼儿对听和说的理解和表达方面，是以游戏形式组织的活动。

（三）学前儿童听说游戏活动具有活动和游戏的双重性质

学前儿童听说游戏活动是根据幼儿语言发展的特点专门设计的、吸引幼儿参加的、带有明确语言任务的游戏活动。学前儿童听说游戏活动兼具活动和游戏的双重性质。首先，用游戏的方式导入活动，可以最大限度地调动幼儿参与活动的积极性。特别是小班幼儿，他们注意力水平低、自控力差，要想吸引其参与活动，就必须借助游戏的方式。其次，以游戏的方式贯穿于活动，可以丰富幼儿的活动体验，提高其理解水平。再次，以游戏的方式结束活动，可以让幼儿保持愉悦，在回味中巩固所学，增强语言能力。

说一说：什么是学前儿童听说游戏活动？它与一般的游戏活动有什么区别？

二、学前儿童听说游戏活动的特点

作为一种语言教育活动，学前儿童听说游戏活动必须包含语言教育的目标，需要将幼儿学习语言的重点转化成一定的游戏规则，并在活动过程中逐步增加游戏的成分，寓教于乐，让幼儿在快乐的游戏中不知不觉地发展语言能力。

（一）语言教育目标蕴含在游戏中

学前儿童听说游戏活动与其他形式的语言教育活动一样，具有明确的语言教育目标，包含着对幼儿语言学习的具体要求。

第一，目标具体。一般而言，听说游戏活动对幼儿提出的语言学习要求比较具体。例如，小班幼儿容易混淆“zh”“ch”“sh”和“z”“c”“s”的发音，教师可用听说游戏活动的方式来帮助幼儿正确发音。在活动目标的设计中，教师可将发准三个翘舌音作为具体的目标任务。幼儿在参与游戏的过程中，需要听清楚教师的要求，理解别人的语言和动作，按照游戏规则行动，真正参与游戏的进程。

第二，目标具有练习的特点。听说游戏活动往往不对幼儿提出某个新的语言学习任务，更多的是根据近阶段幼儿语言学习的重点需求设计，让幼儿在游戏中复习巩固已学的语言内容，掌握一定的语言知识，真正获得这一方面的语言运用能力。

第三，目标贯穿在游戏中。其他的语言教育活动一般都开宗明义，将学习任务直接呈现在幼儿面前，听说游戏活动则将教育目标贯穿在游戏活动之中，让幼儿边玩边说，在不知不觉中获得发展，完成学习任务。

教师设计的听说游戏活动需要建立在对班级幼儿全面了解的基础上。教师应根据近阶段本班幼儿语言发展的水平和语言学习需要，选择相应的听说游戏，引导幼儿在欢快的游戏中实现语言目标。

案例

小班听说游戏活动：公鸡头，母鸡头

【活动目标】

1. 准确说出公鸡、母鸡、黄豆等词，发准“g”“j”“h”音。
2. 在游戏中培养认真倾听的习惯，并能按规则游戏。
3. 乐意与同伴一起游戏，共同参与猜测和判断。

【活动准备】

公鸡和母鸡手指玩偶，黄豆、红豆、积木等小物品若干。

【活动过程】

一、出示手指玩偶，进入游戏情境

1. 教师两手戴上“公鸡”“母鸡”手指玩偶，向全班小朋友问好。

2. 教师向集体问好后，再面向个别幼儿一一问好。例如，教师手戴“公鸡”玩偶，说“××小朋友好”，该幼儿就站起来说“公鸡好”。

（在问好的游戏中，教师注意指导幼儿发准“公鸡”“母鸡”字音）

二、出示黄豆实物，表演游戏

1. 教师边念游戏儿歌，边表演动作，最后伸出两个拳头，请幼儿猜猜黄豆在哪个拳头里。游戏进行 2~3 次。

2. 教师引导幼儿一边念儿歌一边进行游戏。

3. 教师重点带领幼儿练习“公鸡”“母鸡”“黄豆”等词的发音，先组织集体练习，后请个别幼儿念一念，及时纠正幼儿不正确的发音。

三、鼓励幼儿自主游戏

教师请 2 位幼儿进行“公鸡头，母鸡头”的游戏活动，帮助幼儿纠正不正确的发音，掌握游戏的玩法。

提醒幼儿注意规则：猜错了就继续游戏，猜对了就将黄豆交给对方，交换角色，重新开始游戏。

四、引导幼儿创编游戏

1. 幼儿与同伴两两结伴游戏，培养在集体面前大胆表演的能力。

2. 教师出示红豆，提问：用红豆怎么玩这个游戏呢？如果用积木怎么玩这个游戏呢？

3. 教师带领幼儿朗诵创编的儿歌。

4. 幼儿与好朋友共同玩自己创编的新游戏。

【活动评析】

小班幼儿容易混淆“g”“j”“h”的发音，教师及时发现了这一问题，同时根据这一问题，组织了“公鸡头，母鸡头”语言游戏。首先，游戏的目标非常明确、具体，就是巩固小班幼儿对“g”“j”“h”的发音。其次，目标明确了练习的任务，就是通过倾听、口说两大途径反复练习。围绕着这样的目标，整个活动过程的设计层次清楚，游戏形式丰富。幼儿很容易融入游戏的氛围，在不知不觉中练习发音，逐步做到准确熟练。

议一议： 结合案例，说说学前儿童听说游戏活动的目标有什么特点。

（二）语言学习的重点蕴含在规则中

同所有的游戏一样，学前儿童听说游戏活动也有一定的游戏规则。这些规则具有严谨性和规范性，能反映出游戏活动的重点。幼儿只有理解并遵守游戏规则，始终按照规则进行游戏，才能够顺利地完成游戏，发展语言能力。

学前儿童听说游戏活动的规则从性质上可分为竞赛性质的游戏规则和非竞赛性质的游戏规则。竞赛性质的游戏规则能够激励幼儿，促使幼儿更积极主动地参与游戏。例如，幼儿分成两队比赛说绕口令，每队的幼儿会为了争得本队胜利而自我加压，主动练习。非竞赛性质的游戏规则虽然不具有竞赛性质，但同样能产生激励效应。例如，在中班语言游戏“数数歌”中，幼儿边说“山上一只虎，林中一只鹿，路边一只猪，草里一只兔，洞里一只鼠”，边扮演说到的小动物，情绪非常激动、兴奋。当说到“大家数一数，一二三四五，虎鹿猪兔鼠”时，幼儿从各个角落欢快地跳出来。这种游戏规则明确了幼儿在游戏中的行为要求，是游戏活动得以顺利进行的前提。

议一议： 结合案例，说说在学前儿童听说游戏活动中游戏规则有什么特点。

（三）幼儿的语言能力发展蕴含在过程中

在听说游戏活动中，幼儿个体的语言能力随着游戏过程的推进而发展。在每一个听说游戏开始时，教师需要帮助幼儿理解活动的内容，交代游戏的规则，并且示范游戏的玩法，然后带领幼儿开展游戏，待幼儿熟悉并逐步掌握游戏规则后，再放手让幼儿独立游戏。应该注意的是，在听说游戏活动中，教师的主导作用在开始时表现得较为明显，随着幼儿对游戏规则的不断熟悉而逐渐减弱。

拓展阅读

听说游戏活动过程的三种转换①

一、由外部控制向内部控制转换

听说游戏活动刚开始时，由教师主导创设游戏情境，交代游戏规则，幼儿只是被动地观察、听讲、思考。当他们对游戏产生兴趣时，就不由自主地跟随教师参与游戏，在掌握游戏活动规则之后尝试自己游戏，最终完全积极自主地投入游戏。这一过程实际上是外部控制转化为内部控制的过程。

二、由真实情境向假想情境转换

无论教师如何设置游戏的场景，在听说游戏活动刚开始时，幼儿始终处于真实情境中。教师向幼儿交代活动内容，解释游戏活动规则，甚至示范游戏玩法，此时幼儿均以旁观者的身份进行观察思考。随着幼儿自己参与游戏，他们开始扮演某一角色，并想象可能有的情节、动作、物品、语言等，于是幼儿所处的环境便发生了变化，成为假想的情境，听说游戏活动因此实现由真实情境向假想情境的转换。

---

① 周兢. 语言［M］. 2 版. 南京：南京师范大学出版社，2007：163-164.（有改动）

三、由外部动机向内部动机转换

与外部控制向内部控制转换密切相关，听说游戏活动中有外部动机向内部动机转换的过程。幼儿刚开始参加听说游戏活动时，外部动机决定了他们参与的积极性。由于语言游戏活动的特点，幼儿在游戏中自主的成分越来越多，他们的主动性、积极性逐步得到充分发挥。随着他们对听说游戏活动规则和游戏玩法的熟练掌握，他们的内部动机在活动中越来越明显。当然，幼儿能否将外部动机转化为内部动机在很大程度上取决于这个听说游戏活动是否真正具有游戏的特点，是否真正对幼儿产生强大的吸引力，幼儿自己能否真正地玩起来。如果幼儿在语言游戏中不能将外部动机转化为内部动机，那么这种听说游戏活动便只能被称为听说活动，甚至是一种蹩脚的听说活动，因为它既不真正具有游戏的价值，也不能发挥听说游戏活动作为一种特殊的语言教育活动应有的作用。

议一议： 结合案例，说说学前儿童听说游戏活动怎样才能促进幼儿主动发展语言能力。

任务 2

认识学前儿童听说游戏活动的类型

任务目标

1. 了解学前儿童听说游戏活动的不同类型。

2. 理解不同类型学前儿童听说游戏活动对幼儿语言能力发展的意义和价值。

知识链接

根据学前儿童听说游戏活动对幼儿语言能力发展的不同作用，我们可以从练习内容的维度把学前儿童听说游戏活动划分为语音练习游戏活动、词汇练习游戏活动、句子练习游戏活动和描述练习游戏活动。

一、语音练习游戏活动

语音练习游戏活动是以增强幼儿听音、辨音能力和练习正确发音为目的的游戏活动，包括听音、辨音游戏活动和练习发音游戏活动。

（一）听音、辨音游戏活动

听音、辨音游戏活动是以发展幼儿听觉注意力，增强幼儿分辨音色、音调、响度的能力为目的的游戏活动。准确区分语音的细微差别，尤其是区分相似、相近的语音，发展言语听觉，是幼儿正确发音的前提。利用听说游戏活动发展幼儿的言语听觉能收到良好的效果。听音、辨音游戏活动可以帮助幼儿听懂普通话，辨别语音、语调，理解语言指令要求。

（二）练习发音游戏活动

练习发音游戏活动是根据近期幼儿发音中的语音难点，选择适合的语音游戏，指导幼儿在规则中积极主动地进行练习，巩固发音的游戏活动。清楚、正确地发音是运用口语进行交往的必要条件。发音准确是语音学习的基本要求。幼儿发音不清楚主要有两个原因：一是发音器官尚未发育成熟，同时幼儿不善于协调地使用发音器官；二是受当地方言的影响。教师应注意观察，根据幼儿的发音实际情况，针对难发音、易错音、方言、儿化音、声调等，开展合适的听说游戏活动。

拓展阅读

听说游戏活动致力为幼儿提供练习发音的机会，让幼儿练习和巩固发音。教师可以根据幼儿语音学习的四种特别需要来组织活动。

1. 难发音的练习。对于近期所学的语音重点，采用语言游戏的方式来承载这些语音要素，可能会产生较好的学习效果。如“d”“g”，以及“j”“x”等音，教师可以根据幼儿的实际情况，选取这些声母与特定韵母相结合的音节来引导幼儿练习。

2. 方言干扰音的练习。一定区域的方言有可能会对幼儿的普通话学习产生干扰因素，影响他们正常的发音。例如，部分地区方言前鼻音和后鼻音不分、“l”和“n”不分，当地人说普通话时往往有可能将“nán”说成“lán”。在语言游戏中，幼儿有集中学习的机会，练习发准这些受到方言干扰的语音，产生对这些语音准确发音的敏感性。

3. 声调的练习。普通话声调对幼儿发音有很重要的参考意义，因而念准普通话声调也是幼儿语音学习的一部分。教师可以通过语言游戏，融入各种相似音和声调要素，让幼儿在辨别中学说，在学说中增强分辨能力，从而掌握准确的声调。

4. 发声用气的练习。进入幼儿园后，还有相当一部分幼儿不能很好地掌握说话用气的方法。有的幼儿说话时有气喘吁吁的感觉，尤其在表述长句子时，还会出现上气不接下气的情况。语言游戏的发音用气练习把练习用气作为活动目标，培养幼儿正确的用气方法，使幼儿发声更加自然。

二、词汇练习游戏活动

词汇练习游戏活动是以丰富词汇、正确理解和运用词汇为目的的游戏活动。学前阶段是幼儿储备词汇、培养语言能力的关键时期。幼儿语言学习的一个重要方面就是大量积累词汇，丰富口语表达的内容。通过词汇练习游戏活动，教师既可以教给幼儿一些新词，也可以帮助幼儿进一步理解已经学过的词汇的意义，促使其选用恰当的词汇，将一些消极词汇变成积极词汇。

拓展阅读

大量积累词汇、丰富口语表达的内容，是学前阶段幼儿语言学习的一个重要方面。应该说，幼儿的词汇量是在日常生活经验的积累过程中迅速增长起来的。用语言游戏活动的方式帮助幼儿学习词汇，能提高幼儿对词汇学习的敏感度。

1. 同类词组词的经验。在听说游戏活动中，经常让幼儿做同类词汇的扩词练习，实际上也是向幼儿提供某一类词的使用范例，鼓励幼儿在语言游戏过程中按照一定的规则进行词汇扩展。例如，“怎样走”的听说游戏要求幼儿用一定的副词描述所做的动作。在游戏过程中，幼儿可以根据规则运用词汇进行练习，创造性地说出“快快地走”“慢慢地走”“大步地走”“小跑步地走”“一蹦一跳地走”等。幼儿可依据规则创造性地运用词汇进行描述练习。

2. 不同类词搭配的经验。词汇的搭配通常与语言习惯和经验有关，也遵循一定的规则。例如，量词有明显的搭配规则。中班幼儿学习儿歌《小兔子开铺子》时，用语言游戏的方式练习量词的使用方法。到大班阶段，幼儿对量词开始产生一定的敏感性。在这个时期给他们提供语言游戏的机会，可以很好地帮助他们掌握一般量词的使用方法。此外，还有对介词（方位词）的学习等，都可以通过语言游戏活动产生良好的效果。例如：在“皮皮鼠吃跳跳糖”活动中，让幼儿玩的游戏就是用“上面”“下面”“里面”“外面”等方位词来说一句话，以帮助幼儿掌握相关的方位词使用方法。

三、句子练习游戏活动

句子练习游戏活动是训练幼儿按照语法规则正确组词成句，并运用各种句式、句型的游戏。句子是由词组成的，有一定语调，能独立表达完整意思的语言单位。一般来说，幼儿学习句子的特点是从简单句向复合句过渡，从单词句向多词句发展。无论是简单句还是复杂句，幼儿都需要经过一定的练习才能理解、掌握并熟练运用。在日常生活中，幼儿可能会获得大量运用这些句式的机会，而听说游戏是有意识地帮助幼儿进行练习，让他们通过专门集中的学习迅速地把握某一种句式的特点，并在尝试运用的过程中提高使用水平。在组织句子练习游戏活动时，教师要了解幼儿的语言发展水平，设定适宜的目标，选择适宜的游戏，在最近发展区内，让幼儿在游戏中体验成功和快乐。

四、描述练习游戏活动

描述练习游戏活动是指训练幼儿用具体、生动、形象的语言描述事物的特征，发展其连贯性语言，增强其口语表达能力的游戏活动。它要求幼儿语言完整、连贯，具有一定的描述能力。这是一种比较综合的、难度较高的语言游戏活动，常常与讲述活动结合在一起，在中、大班进行。

说一说： 学前儿童听说游戏活动有哪些类型，分别有什么意义和价值。

任务 3 制定学前儿童听说游戏活动的目标

任务目标

1. 能够从情感与态度、认知、能力三个维度理解学前儿童听说游戏活动的总目标。
2. 能够理解小班、中班、大班三个阶段学前儿童听说游戏活动的目标要求。
3. 能够根据幼儿年龄特点和特定的话题制定学前儿童听说游戏活动的目标。

知识链接

学前儿童听说游戏活动的目标应根据语言发展总目标、特定阶段幼儿的语言发展水平等，综合考虑游戏的特点及其功能等多方面的因素来制定。

一、准确把握学前儿童听说游戏活动的维度目标

（一）情感与态度目标

听说游戏活动为幼儿提供的是一种不同于其他语言学习的场景，让幼儿在参与学习中有更多的主动性和自主性。需要强调的是，在幼儿语言学习活动中，听和说是密不可分的。以游戏的方式组织的听说游戏活动对增强幼儿的积极倾听能力具有特殊的作用。

学前儿童听说游戏活动的情感与态度目标可归纳为对听说游戏活动感兴趣，积极自主地参与听说游戏活动，提高在游戏交往中运用语言的积极性和主动性。

（二）认知目标

由于听说游戏的特殊性质，这类活动可以帮助幼儿理解并按一定的规则进行口语表达练习。这里所说的一定的规则，主要是指按照语言的规范制定的游戏规则。在幼儿参与听说游戏的过程中，他们需要自觉参与规范语言的学习，在执行游戏规则的活动中进行规范的口语表达练习。

学前儿童听说游戏活动的认知目标可归纳为理解听说游戏的规则，能尝试按一定的规则进行口语表达的练习，并不断提高积极倾听的水平。

（三）能力目标

学前儿童听说游戏活动的能力目标可归纳为理解并运用游戏规则，不断提高倾听和表达的精确程度，在有趣的游戏活动中尝试练习发音、用词等语言技能，锻炼和发展机智灵活地运用口头语言的能力。

拓展阅读

听说游戏活动中幼儿倾听与语言反应能力的培养

一、幼儿倾听能力的培养

1. 听懂教师讲解，理解游戏规则。

教师在语言游戏开始时，总是先向幼儿提出一定的要求，然后布置活动的任务，并对任务做出解释，讲解示范游戏的规则。这一过程对幼儿的倾听提出了具体要求。听懂教师的讲解、理解游戏规则是幼儿积极自主地参与游戏的前提。这对幼儿的倾听能力具有一定的挑战性。可以说，这方面能力的培养将有助于提高幼儿在各种交往场合的倾听水平，甚至对幼儿进入小学阶段之后的学习都十分有益。

2. 听懂游戏指令，把握游戏进程。

在游戏过程中，幼儿随时需要把握游戏中传出的指令信息，并做出相应的反应。例如，在“金锁银锁”活动中，念完儿歌，即是一个指令，要求问“这是什么锁”，“开锁人”听后立刻回答“这是××锁”。所有的指令信息一环套一环，幼儿在游戏中必须敏锐地感知，否则将无法进行游戏。恰恰是这样一些要求，可促使幼儿自觉地、主动地去倾听捕捉指令信息。

3. 把握细微区别，提高精确程度。

有的游戏专门设置倾听的“圈套”，要求幼儿辨别某几个相似音的差异，并做出相应的反应，诸如“z、c、s”和“zh、ch、sh”的辨别活动就属于这一类。有的游戏要求幼儿准确传递信息，错了便会闹出笑话，如“我这样对你说”的传话游戏活动。这些活动把倾听重点放在准确把握和传递信息上，可以较好地提高幼儿倾听的精确程度，最终对他们完整的倾听能力的培养产生良好的作用。

二、幼儿语言反应能力的培养

1. 迅速领悟游戏的语言规则。

听说游戏活动是将幼儿语言学习的重点内容转化为游戏规则，并贯穿于活动始终，引导幼儿掌握语言规则的过程。在参与游戏的过程中，幼儿需要迅速领悟游戏规则，否则就无法实现参与游戏的愿望。这种激励机制使幼儿逐渐适应并迅速领悟交往场合的要求，自然而然地掌握语言学习的重点内容，达到良好的学习效果。

2. 迅速调动已有语言经验编码。

语言游戏是一种动态活动，幼儿在参与时需要根据一定的规则迅速调动个人已有的语言经验进行编码。这种场合不允许幼儿慢慢想，细细思考。如果速度太慢，游戏就会受到影响。因此，幼儿在活动中能得到迅速调动个人已有语言经验编码的训练。

3. 迅速以符合规则要求的方式进行表达。

在领悟编码的同时，幼儿也获得了快速反馈信息的机会。听说游戏要求幼儿按照一定的规范方式说话，并且没有太多的时间让幼儿仔细斟酌话语，一切都是幼儿在短暂的凭直感的状态下说出来的，这便锻炼了幼儿的快速应答能力。

二、精准定位学前儿童听说游戏活动的年龄段目标

（一）小班（3~4 岁）听说游戏活动目标

（1）乐于参加游戏活动，在游戏中大胆地说话。

（2）准确发出某些难发的音，初步掌握方位词及人称代词，学习正确运用动词。

（3）在游戏中尝试按照规则，运用简单的语句说话。

（4）养成在集体活动中倾听别人讲话的习惯，能听懂并理解较简单的语言游戏规则。

（二）中班（4~5 岁）听说游戏活动目标

（1）巩固练习发音，正确运用代词、方位词、副词、动词、连词和介词等，能说简单而完整的合成句。

（2）能听懂并理解多种游戏规则。

（3）领悟游戏中的语言规则，并能及时做出相应的反应。

（三）大班（5~6 岁）听说游戏活动目标

（1）正确运用反义词、量词和连词等，并能说出完整的合成句。

（2）养成积极倾听的习惯，迅速理解和把握游戏中较复杂的指令。

（3）提高倾听的精确程度，正确掌握和传递有细微差别的信息。

（4）按照规则迅速调动个人已有的语言经验编码，并迅速进行语言表达。

议一议： 学前儿童听说游戏活动的三个年龄段目标有什么区别与联系？

三、清晰表述学前儿童听说游戏活动的具体目标

学前儿童听说游戏活动的具体目标是就某一次听说游戏活动的开展而言的，其制定一定要正确把握具体活动任务与总目标之间的关系，只有这样才能真正做到有的放矢。教师要选择适合幼儿语言发展需要的内容，采取适当的组织方法，有针对性地开展活动。基本要求有以下几个方面。

（一）目标具体明确

学前儿童听说游戏活动目标应具体明确，即目标要与本次活动的内容密切相关。例如，针对小班幼儿辨别不清近似音，如“g”“k”“h”的发音，教师设计安排“买图片”的游戏活动，将活动的具体目标设定为练习发准“g”“k”“h”三个音。不过，目标具体并不意味着活动目标单一，它仍然能对幼儿语言学习产生多方面的影响。

（二）目标突出学习重点

学前儿童听说游戏活动的具体目标还要考虑近阶段幼儿语言学习的重点，以促进幼儿反复练习，巩固所学内容。例如，刚上幼儿园的小班幼儿，有的口齿不清、发音不准，有的自由散漫、不遵守规则。开展听说游戏“山上有个木头人”，通过让幼儿在念完儿歌后立即扮演木头人做各种动作再保持不动，不仅可以纠正幼儿对“山”“上”“三”等字的发音，增强其发音能力，还可以激发幼儿遵守游戏规则的兴趣，增强幼儿的自我控制能力。针对听说游戏“山上有个木头人”，教

师可以这样设计目标：

（1）在游戏中正确发出“山（shān）”“上（shàng）”“三（sān）”等字音，区别“s”和“sh”、“an”和“ang”等音。

（2）学会倾听，理解并遵守游戏规则，锻炼自我控制与灵活应变能力。

调查与研究： 赴实践基地观摩学前儿童听说游戏活动，说说教师是如何制定具体的听说游戏活动目标的。

任务 4
掌握学前儿童听说游戏活动的一般过程

任务目标

1. 理解学前儿童听说游戏活动一般过程的基本环节。
2. 掌握学前儿童听说游戏活动过程各环节的基本要求。

知识链接

学前儿童语言游戏活动有其独特的规律，具有游戏和活动的双重性质。在一般情况下，学前儿童听说游戏活动的过程包含创设游戏情境、交代游戏规则、引导开展游戏、幼儿自主游戏、组织总结评价几个环节。

一、创设游戏情境

在游戏刚开始时，教师需要创设游戏情境，向幼儿展示轻松愉悦的游戏氛围，激发幼儿参与游戏的兴趣。

（一）利用物品创设游戏情境

教师可使用一些与听说游戏活动有关的物品如玩具或者日用品等，布置游戏的环境，营造游戏的氛围，达到引导幼儿进入游戏的效果。例如，在小班听说游戏活动“逗蚂蚁”中，教师可以用蚂蚁玩具、碗和筷子等实物来引导幼儿进入“喊小蚂蚁来吃饭”的情境，练习说“饭”“烂”“搬”“欢”等字，掌握鼻韵母“an”的发音。

（二）运用动作创设游戏情境

有时候，教师无须借助实物，仅仅靠动作表演，就能让幼儿想象游戏角色或者游戏场景，进而创设游戏情境。例如，在小班听说游戏活动“虫虫飞”中，教师可以用形体动作等来创设游戏情境。

（三）运用语言创设游戏情境

教师通过语言直接描述或指出游戏中的角色及其所处的环境，比如，在听说游戏活动“水果蹲”开始前，教师用语言描述：“水果丰收啦，许多小动物要去摘果子，大家多快乐啊！请小朋友把头饰戴起来，扮演小动物，去找找水果在哪里。”教师用语言引导幼儿进入角色，营造游戏气氛，同样可以达到创设游戏情境的目的。

无论以哪一种方法来创设游戏情境，在活动刚开始的这一阶段，活动状态有两种。一种是真实性质的活动状态。教师在创设游戏情境时，如果着重使用了介绍的方式，那么幼儿所处的环境便仍然是真实的。他们更多地观察、分析教师展示的游戏情境，以一种旁观者的身份来了解听说游戏的情况。另一种是半真实性质的活动状态。由于教师所用的物品、动作和语言直接将幼儿“拉进”了游戏情境，幼儿可能会想象自己所扮演的角色，这时幼儿原有的角色身份处于一种接近改变但未完全改变的状态，因而活动具有半真实的性质。

调查与研究： 赴实践基地开展观摩活动，说说教师创设了怎样的听说游戏活动情境，有没有需要改进的地方。

二、交代游戏规则

在创设游戏情境之后，教师要向幼儿交代游戏规则。这一环节实际上是教师给幼儿布置任务、讲解要求的过程。教师可以通过语言解释和动作示范相结合的方式，告诉幼儿游戏的基本规则、步骤和要求。例如，在听说游戏活动“荷花荷花几月开”中，教师扮演荷花仙子创设游戏情境，又采用口头讲述的方法向幼儿交代游戏规则，并请一组幼儿演示。

拓展阅读

交代游戏规则的注意事项

1. 注意用简洁明了的语言讲解。在交代游戏规则时，切忌啰嗦、冗长的解释，以免幼儿抓不住要点，不能及时领悟游戏规则，影响游戏的进程。

2. 注意讲清楚语言游戏的规则要点和游戏的开展顺序。教师应当让幼儿基本明白要说什么和怎样说，以便他们在参与游戏时付诸实践。同时要帮助幼儿清楚地理解游戏开展顺序，即先做什么、后做什么、什么角色做什么。

3. 注意用较慢的语速进行讲解。教师在交代游戏规则时的语速应当是相对慢的。尤其是针对游戏规则回答问题或说一句话时，这种语言带有示范的性质，可以帮助幼儿理解，一定要保证让幼儿听清楚。实际上，教师放慢语速说话能够让幼儿感觉到这部分信息的重要性，因此能够有效地帮助幼儿理解游戏规则。

调查与研究： 赴实践基地开展观摩活动，说说教师可以怎样向幼儿交代听说游戏的规则。

三、引导开展游戏

在幼儿初步理解游戏规则的基础上，教师可以带领幼儿开展听说游戏活动。在这个过程中，教师在游戏中扮演重要的角色，可以主宰游戏的进程。此时幼儿参与活动的方式有两种：一种是部分参与游戏，即一部分幼儿参加游戏，以便另一部分幼儿观察熟悉，之后幼儿再轮换；另一种是全体幼儿先参加游戏活动的一部分，待熟悉游戏规则后再完全参加游戏。

对于小班幼儿，教师以主要角色直接参与游戏，可请能力强的幼儿一起发挥示范作用。幼儿熟悉游戏后，逐步过渡到全体参加。在中、大班，教师可先请能力强的幼儿做游戏进行示范，然后再让其他幼儿进行尝试，了解幼儿对规则的掌握程度。在绝大多数幼儿明确了要求之后，教师便可引导幼儿自主开展游戏，并适时进行个别指导。

引导幼儿开展游戏这一环节有利于幼儿在活动过程中熟悉游戏规则，进一步理解游戏的程序，掌握在游戏中运用语言交往的基本思路，从而为独立开展听说游戏做好充分准备。

调查与研究： 赴实践基地开展观摩活动，说说教师是如何引导幼儿掌握听说游戏规则的，有没有需要改进的地方。

四、幼儿自主游戏

在这个环节中，教师要引导全体幼儿积极地参与游戏。这时，教师主要以间接控制的方式，充当活动的观察者和指导者，不能把幼儿摆在一边不管不问。因此，这个环节的时间一定要非常充分，教师间接指导的质量一定要有保证。

（一）观察游戏，及时给予帮助和指导

促进全体幼儿语言的发展是听说游戏的教育目的。教师应该认识到游戏的主体是幼儿，要创造条件让每一个幼儿充分地动脑、动口，发挥主体性和积极性。在自主游戏阶段，教师的角色应是游戏的观察者。观察目的主要有两个：一是了解幼儿对游戏玩法、规则的掌握程度和游戏目标的完成情况，督促幼儿遵守游戏规则；二是及时发现问题，为幼儿提供适时的帮助和教育。

作为观察者，教师不要过多地限制和束缚幼儿。教师要相信幼儿，让幼儿在语言游戏过程中、在与同伴的互动中体验成功和失败，从而更加主动地吸收、加工语言信息，更加准确地运用语言，增强语言运用的能力。

（二）关注个体，及时给予指导

在游戏中，教师还要针对幼儿个体的游戏水平和个性特点，采取相应的指导方式，使每一个幼儿都能通过游戏在原有水平上得到发展。

教师应有计划地观察幼儿的游戏行为和语言运用情况，分析每一个幼儿的特点，明确需要加强的方面，采取有针对性的措施。例如，对于某些胆怯、内向的幼儿，教师要及时给予鼓励，增强他们的自信心；针对那些情绪浮躁、容易受到外界干扰、注意力不集中的幼儿，要关注他们，引导他们专心游戏，遵守游戏规则；对于交往能力比较弱的、兴趣单一的幼儿，则可以通过与他们一起游戏或引导同伴协助游戏的方式，激发他们对游戏活动的兴趣等。

调查与研究： 赴实践基地开展观摩活动，说说在幼儿自主游戏中教师怎样才能发挥好引导作用。

五、组织总结评价

当听说游戏结束时，幼儿往往还会兴致勃勃地谈论着玩过的游戏。这时，教师及时组织幼儿进行总结评价，不仅能够满足幼儿的表达欲望，还可以使游戏更好地发挥教育作用，增强幼儿的分辨能力，促进幼儿游戏水平的提高，促进幼儿语言能力的发展。

对游戏的总结评价一般由教师主持，教师和幼儿共同参加，也可以由幼儿分组进行现场评价。对于年龄比较小的幼儿，教师可以用游戏化的口吻进行点评；对于年龄稍大的幼儿，教师可以提出一些合理的建议或让幼儿进行自我评价。

及时、适当的评价可以强化幼儿对游戏玩法的理解，进一步让幼儿明确游戏的规则，有助于纠正幼儿在游戏中出现的错误，为日后更好地开展自主的游戏活动奠定良好的基础。评价工作虽然是游戏组织的重要环节，但并不是每一次游戏的必要步骤。每次评价不需要面面俱到，而要做到有目的、有重点。评价时间也不宜过长，更不应该因评价而缩短幼儿游戏的时间。

调查与研究： 赴实践基地开展观摩活动，说说教师在听说游戏活动中是如何有效引导幼儿进行总结评价的。

任务 5
学前儿童听说游戏活动研究与实践

任务目标

1. 认真阅读案例，能够从主题、设计意图、目标、过程等不同的维度整体把握学前儿童听说游戏活动设计的基本要求。

2. 能够对案例进行评析，学习环节设计与安排的“亮点”与特色。

3. 尝试根据方案进行活动模拟，增强自己的活动调控能力。

4. 能结合实践观察记录，概括学前儿童听说游戏活动的主要环节，并评价其得失。

5. 确定对象，设计一次学前儿童听说游戏活动，尝试实践并反思。

案例研究

大班听说游戏活动：盖楼房

【设计意图】

大班幼儿语言发展很快，他们已不满足于使用一般的简单句来说一段话，通常能用较为丰富的词汇说出较为完整的合成句。然而，要想更好地理解、运用合成句，还需要经过一定的练习。“盖楼房”这一听说游戏活动可以让幼儿通过专门集中的学习，迅速地掌握某一种句法的特点和规律，并在尝试运用的过程中，增强语言表达能力。

【活动目标】

1. 学习运用“××越×越×”和“××越××，就越×××”的句型。

2. 仔细听同伴的发言，积极参与集体活动，不重复别人的语句。

【活动重难点】

能用完整的语言进行描述。

【活动准备】

1. 幼儿已学习过用“××越来越×”的句型讲话。

2. 一面鼓，音乐，电脑。

3. 两栋“楼房”墙基和可移动的楼层图若干。

【活动过程】

一、创设情境，学习新句式

1. 教师以神秘的口吻对幼儿说：闭上眼睛，用耳朵听听这是什么声音？你发现了什么？

教师敲鼓，敲鼓的力量由轻到重，速度由快到慢。（启发幼儿用“××越来越×”的句型表述）

2. 分别播放由大到小的风声、由响到轻的猫叫声、由轻到响的狗叫声。

师：刚才你们听到了什么声音？

幼：刮风的声音。

师：你们听到的刮风声有变化吗？怎么变的？

幼：风声越来越小。

师：这真是一句好听的话，还可以说“风越刮越小”。

师：那接下来请你们再来听听几种声音，听完后，也用“××越×越×”的句型来表达自己的发现。

（引导幼儿说出“猫越走越远”“狗越叫越响”的句子）

二、了解游戏玩法，掌握游戏规则

师：（出示楼房卡）今天我们来玩个“盖楼房”的游戏，谁说出一个“××越×越×”的句子，就可以为自己这组赢得一层“楼”，最后我们比比哪一组的小朋友“盖”的楼房高。玩的时候我们要遵守两个规则：

1. 注意听别人说话，不打断别人说话，同时也不能重复同伴讲过的内容。

2. 说对“××越×越×”的句子，才可以得到一层“楼”，否则得不到奖励。

三、自主游戏，体验互动乐趣

1. 幼儿自由结伴分组。

根据自主原则，幼儿分成人数相同的两组。

2. 进行“盖楼房”竞赛。

当某一组的某个幼儿讲得正确又没重复别人的语句时，教师就给这组添上一层“楼”。最后，比比哪一组的“楼房”盖得最高，给最高的“楼房”插上一面红旗，表示这组小朋友齐心协力赢得了胜利。

（鼓励幼儿积极动脑，说出诸如“太阳越升越高”“气越打越足”“花越开越美丽”“人越长越高”等句子）

四、转化句型，提升游戏难度

鼓励幼儿仿照“××越××，就越×××”的句型结构，说出新的句子来。（如“风刮得越大，树就摇得越厉害”“天越黑，小明就越害怕”）

五、活动小结

从幼儿的参与情况、规则掌握情况、游戏活动表现等角度进行点评，引导幼儿反思，总结经验，激发幼儿进一步运用“××越××，就越×××”这类句式表达对生活中事物变化的兴趣。

（设计：江苏省南通市通州区通州幼儿园喻琴）

案例评析：

扫一扫

观点参考

实践反思：

____

____

____

资源链接

中班听说游戏活动：动物捉迷藏

大班听说游戏活动：我为家乡莲藕代言

实践探究

1. 赴幼儿园观摩学前儿童听说游戏活动，认真记录并概括活动的主要环节，研讨分析其得失。

观察对象：		活动主题：		时间：	
活动记录：					
概括主要环节：					
简要评析：					

2. 确定好对象，完整设计一份听说游戏活动方案，尝试实践，并进行反思研讨，提出改进意见。

活动对象：		活动时间：	
活动主题：			
活动目标：			
活动准备：			
活动过程：			
活动反思：			

思考与总结

1. 说说学前儿童听说游戏活动的内涵与特点。
2. 说说学前儿童听说游戏活动有哪些类型。
3. 简述学前儿童听说游戏活动的目标。
4. 结合实例，简要介绍学前儿童听说游戏活动的一般过程。

专题 7

学前儿童语言区角活动

学习目标

- **知识目标**

1. 理解学前儿童语言区角活动的内涵、特点及类型。
2. 理解学前儿童语言区角活动的目标及一般过程。

- **能力目标**

掌握学前儿童语言区角活动设计和实施的基本要求。

- **素质目标**

关心幼儿生活，能根据幼儿兴趣和需要选取适合的语言区角活动，认真进行活动的设计与准备，耐心细致地引导幼儿充分感受语言区角活动的乐趣，促进幼儿的语言发展。

任务导览

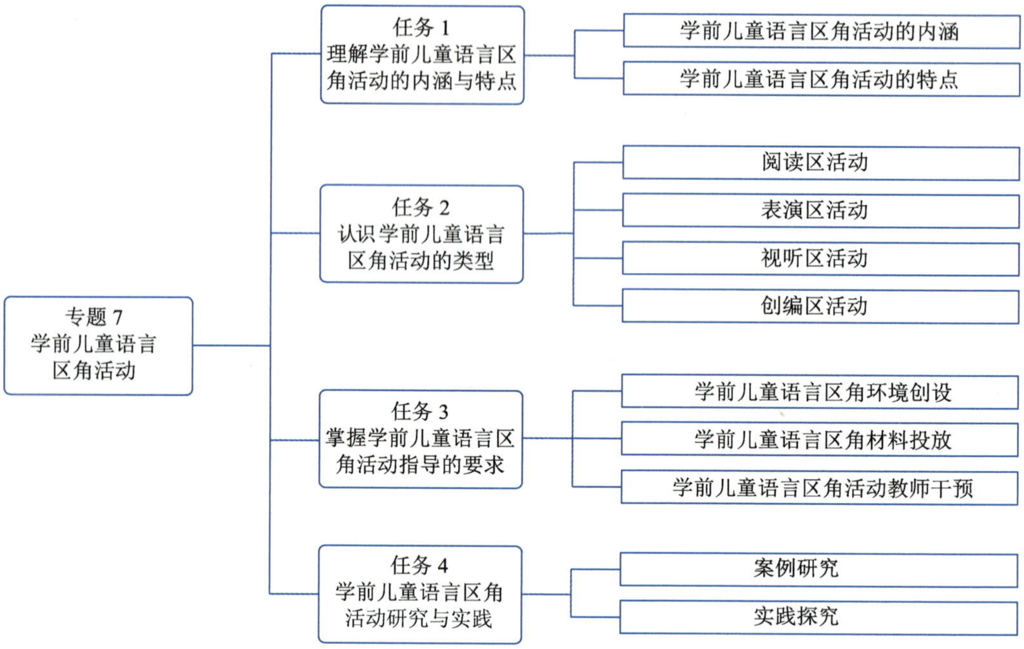

情境导入

在学前儿童语言教育活动中，虽然幼儿园安排了相应的区角，但是不少教师并没有真正关注区角中的语言活动。很多时候，区角只是一个摆设。教师即使利用区角，也多半采用集体教育活动的形式，要求全班幼儿在同一时间内学习同样的内容，并以相同的速度与方式进行。很多教师有这样的困惑：虽然布置区角时花费了很多的精力，但真的不知道语言区角活动该怎么开展。那么，学前儿童语言区角活动的内涵究竟是什么？它具有哪些特点，又有哪些类型？教师在活动中究竟应该发挥怎样的作用呢？

任务 1

理解学前儿童语言区角活动的内涵与特点

任务目标

1. 理解学前儿童语言区角活动的内涵。
2. 理解学前儿童语言区角活动的特点。

知识链接

幼儿的发展是其个体因素与周围环境相互作用的结果。活动是幼儿发展的基础和动力。许多幼教机构从创设良好的活动环境入手，将教室分割出若干区域，把教室变为活动室，创造条件让幼儿在与教育相适应的环境中主动学习，获取经验，自然发展。作为学前儿童教育重要组成部分的语言教育也不例外，教育者们在语言区角活动方面正在进行着深入的探索。

一、学前儿童语言区角活动的内涵

所谓区角，指的是教育场所分割布置成的若干具有不同环境特色的区域。其因相对独立，而且有的面积较小，所以被称为区角；又因主要用于幼儿开展特定的活动，也被称为活动区、活动角。顾名思义，学前儿童语言区角活动指的是教师通过有目的、有计划地投放相应的语言学习材料，创设特定的语言学习环境，引导幼儿自主选择语言学习的内容和伙伴，主动地进行探索和交往，通过操作、感知、体验进行的语言学习活动。

我们可以从两个方面来理解学前儿童语言区角活动的内涵。

（一）学前儿童语言区角活动是一种幼儿自主的语言学习活动

学前儿童语言区角活动应选择适合幼儿感知、认读、描述和书写的材料，将语言教育目标物化为丰富多元的语言环境，融听、说、读、写于一个个生动有趣的操作或游戏活动中。在语言区角活动中，幼儿可以根据自己的需要、水平和兴趣选择适合自己的语言学习材料，自主地开展阅读、游戏、表演、自制图书、制作书签、绘画、创编故事等活动。这样一种具有极强自主性的学习活动为幼儿增进同伴之间的合作、交流，掌握社会交往技能，学会自觉地遵守规则，形成初步的规则意识，发展动手能力、想象力、创造力创造了良好的条件和机会。

（二）学前儿童语言区角活动是专门的语言教育活动的重要补充

学前儿童语言区角活动可以为专门的语言教育活动在知识、经验方面做好铺垫；专门的语言教育活动又有助于提升幼儿在语言区角活动中的语言经验水平。教师要重视语言区角活动与专门的语言教育活动，特别是主题教育活动之间的相互渗透与补充，以达到最佳的语言教育活动效果。

拓展阅读

学前儿童语言区角活动与主题教育活动的渗透与整合①

1. 语言区角活动为主题教育做准备。

一些主题教育开始前，需要在语言区角活动中开展准备性活动，以便幼儿在活动中获得一些主题教育所需要的经验或技能，为主题活动的顺利开展做好铺垫。当主题活动开展时，因为有了前期经验的积累，幼儿对语言活动的探索会更主动，学习会更自主。

2. 语言区角活动为主题教育做延伸。

在主题教育活动中，为了促进幼儿主动学习，教师应当重视让幼儿在活动过程中动手动脑、操作摆弄。但是，由于材料数量有限，多名幼儿只能合用一些材料，许多幼儿就只能被动地观望。此外，由于幼儿的发展水平不一致，而主题教育活动的时间有限，有些动作比较慢的幼儿常常被迫终止探索。还有这样的情况，活动结束时有个别幼儿对探索的内容意犹未尽，还有深入探索的愿望，却不能在活动中得到满足。这些都成为主题教育的不足之处，影响了主题教育的效果。为了解决这些问题，教师可以将主题教育的有关内容放到相应的活动区角中，让主题教育内容在区角活动中得到延伸。例如，在中班的故事大赛主题活动中，教师发现，每当开展教学活动“龟兔赛跑”时，幼儿对其中的表演活动非常感兴趣，都争着上来展示自己，但受课堂时间的限制，只有一小部分幼儿能够获得表演的机会。为了满足幼儿表现自己的愿望，让他们体验与同伴一起游戏的快乐，进一步感受、理解故事的内容，增强他们的表演能力，教师可以在语言区角活动中安排相应的表演内容，使相关学习内容得以巩固，使幼儿的需要得到及时的满足，同时也使幼儿的语言得到相应的发展。

3. 语言区角活动可拓展主题教育的内容。

主题教育的内容较多地考虑了幼儿一般的年龄特点，有些活动只能浅尝辄止，不够深入。实际上，教师可以在某个内容上进一步拓展，不断激发幼儿学习和探索的兴趣。但是，这样的活动在集体教学中并不适合所有幼儿。因此，教师可以尝试在语言区角活动中，通过不同层次的活动要求，使幼儿在不断的探索中取得更大的收获，满足不同幼儿的发展需要。

4. 语言区角活动可生成新的语言教育主题。

在语言区角活动中，幼儿会产生新的问题。教师可以从中选择有价值的部分作为主题活动的新主题。例如，教师发现图书角里有很多破损的图书，班上存在部分幼儿不爱护图书的情况，就生成了新的活动主题——“小图书笑了”，让幼儿通过活动懂得爱护图书。

说一说： 什么是学前儿童语言区角活动？它有什么教育价值？

① 姜晓燕，郭咏梅. 学前儿童语言教育［M］. 2 版. 北京：高等教育出版社，2014：196-197.（有改动）

二、学前儿童语言区角活动的特点

在语言区角活动中，幼儿完全是在与材料、环境和同伴的充分互动中发展语言能力的。与专门性语言集体教育活动相比，学前儿童语言区角活动具有以下特点。

（一）目标的长远性

对于一个语言集体教学活动而言，目标强调指向性、可操作性和具体性。一次活动结束，教师要考量此次教学活动目标的达成度。而语言区角活动的目标往往是根据各年龄段语言领域的学期目标或阶段目标来制定的。相较于语言集体教学活动而言，语言区角活动的目标更宽泛、笼统、长远，并不强调一次区角活动就要达成哪一方面的目标，需要通过多次、多样的活动才能达成。在这一过程中，教师还要根据幼儿的认知水平和发展需要，不断地调整材料投放策略，使活动的开展能更好地贴近幼儿的“最近发展区”。

（二）时空的开放性

就时间而言，语言区角活动允许幼儿按照自己的认知水平和兴趣爱好或长或短地进行自主学习。如：同样的阅读活动中，有的幼儿也许一次两次就完成了，而有的幼儿也许需要一周甚至更长的时间才能完成；同样的故事表演活动中，有的幼儿扮演一个角色、参与一次表演就没有兴趣了，有的幼儿则与同伴轮流扮演几个角色，乐此不疲。这时，教师不可“一刀切”，而是要满足幼儿的不同需求，允许幼儿有不同的选择和不同的学习进度。

就空间而言，在同一时间段内，教师可以同时提供不同类型的区角活动，如故事书阅读、故事表演、书签制作等，让幼儿根据自己的需要自由地选择，充分体现活动的多样性和自主性。

（三）内容的适宜性

不同年龄段的幼儿，其语言发展的特点和目标是不一样的，因此语言区角活动的内容也应该符合各年龄段幼儿的认知特点，体现适宜性。例如，在阅读区活动中，教师可为小班幼儿提供角色单一、形象夸张、画面简洁的故事书，让幼儿用一两句完整的话描述画面内容；对于中、大班幼儿，则可以提供角色丰富、画面内容丰富的故事书，让幼儿根据画面提供的较为复杂的信息，讲述一个完整的故事；为大班幼儿提供的可以是图文并茂的故事书，让他们初步接触汉字。又如，在表演故事活动中，教师可以引导中、大班幼儿自制所需道具，而对于小班幼儿，可提供成品道具。

（四）过程的自主性

语言区角活动属于个别化学习活动，注重幼儿的自主学习和合作探究式互动学习。在活动中，幼儿完全可以自主选择活动内容、活动方式和合作伙伴，自行确定学习进度。这样的语言学习活动与在同一时间段以同样的方式和速度学习同样内容的集体教学活动不同，更加有利于激发幼儿的学习主动性。

（五）评价的多元性

语言区角活动允许幼儿有不同的学习速度、学习进程和发展水平，因此也就决定了活动评价是多元的，而不是用“一把尺子”、同一标准来评价和衡量幼儿的语言学习。

对幼儿个体来说，只要其在原有的基础上向更高水平发展了，就说明区角活动是适宜且有效的。除了评价幼儿语言发展方面的要素，评价还要重点围绕专注性、自信心、合作交流、习惯、兴趣、情感等学习品质和非智力因素进行，给予幼儿鼓励赏识，帮助幼儿养成积极的态度和良好的行为倾向。

议一议： 赴实践基地开展学前儿童语言区角活动观察，结合所学理论，议一议学前儿童语言区角活动有什么特点。

任务 2

认识学前儿童语言区角活动的类型

任务目标

1. 了解学前儿童语言区角活动的不同类型。
2. 理解不同类型学前儿童语言区角活动对幼儿语言发展的意义和价值。

知识链接

根据语言区角的不同功能，学前儿童语言区角活动主要分为阅读区活动、表演区活动、视听区活动、创编区活动等类型。

一、阅读区活动

教师可以在活动室开辟阅读区，提供丰富的读物和宽松自由的阅读环境，让幼儿在其中自觉、自主地选择自己感兴趣的图书进行探索、体验，学习基本的阅读技能，激发对阅读和书写的兴趣。

二、表演区活动

幼儿具有表演的天性。自由结伴，自主选择角色，根据某一故事线索或自创情节进行表演，是常见的幼儿学习现象。教师可以在活动室一角开辟表演区，提供一些简单的头饰、手偶及背景材料等，为幼儿表现角色的行为和语言创造条件，满足幼儿的表演需求，促进幼儿语言表达能力、同伴交往能力、积极的情绪情感等方面的良好发展。

案例

小班幼儿已经通过绘本阅读的环节，对《猜猜我有多爱你》绘本故事内容有了初步的了解，并产生了浓厚的兴趣。角色扮演活动成为他们进一步沉浸于故事世界的桥梁。教师在表演区投放了大兔子、小兔子的头饰和相应的服装。幼儿可以自由地选择自己心仪的角色——活泼灵动的小兔子或温暖宽厚的大兔子，并佩戴头饰或换上服装进入一个充满爱与温馨的故事情境中。在表演的过程中，教师鼓励幼儿不仅要模仿外在的表现形式，还要用心去体会角色内心的情感波动，感受那份真挚而深沉的亲情。通过这样的表演，幼儿不仅锻炼了语言表达和肢体协调能力，还在无形中培养了同理心和社交技能，学会了如何更好地理解和感受他人的情感。

（材料提供：江苏省南通市通州区金桥幼儿园周淑芳）

三、视听区活动

在幼儿学习语言的活动中，视、听、说总是紧密联系的。教师可以在活动室开辟专门的视听区，提供相应的播放设备和丰富的视听材料，为幼儿自主开展视、听、说活动提供条件，为幼儿学习语言开辟丰富的途径。

案例

《彩虹色的花》是一本充满温暖和美好的绘本，通过讲述彩虹色的花用自己的花瓣帮助不同小动物的故事，向幼儿传递了乐于助人、无私奉献的美好品质。

在中班语言区开展以这本绘本为基础的视听游戏，一方面，考虑到中班幼儿的语言发展水平和认知特点——他们正处于听力理解和表达能力迅速发展的阶段，让幼儿利用耳机听绘本故事，可以为幼儿创造一个专注的倾听环境，锻炼他们的专注力和听力理解能力；另一方面，通过操作卡上的连线游戏，让幼儿将听到的故事内容与具体的操作任务相结合，有助于加深他们对故事中不同花瓣作用的理解，增强动手操作能力和逻辑思维能力。同时，在分享与交流环节，鼓励幼儿表达自己的想法和连线依据，能够培养幼儿的语言表达能力和自信心，促进幼儿之间的互动与交流。整个活动旨在以生动有趣的方式，让幼儿在游戏中感受绘本的魅力，提升多方面的素养。

（材料提供：江苏省南通市通州区金桥幼儿园易宇露）

四、创编区活动

在语言学习过程中，幼儿往往会表现出丰富的语言创造性行为，如故事创编、图书创编等。这些创造性行为可以帮助幼儿巩固语言学习成果，增强语言学习兴趣，养成良好的阅读和表达习惯。教师可以在活动室开辟专门的创编区，为幼儿提供故事拼图、各种图卡、背景图等，供幼儿自主摆放、自由组合、自编情节，发展幼儿的观察、想象和创造性表达的能力；也可以提供废旧图书和画报等，引导幼儿扮演“小编辑”和“小作者”，自制图书，通过剪剪、贴贴、讲讲，体会当“小编辑”“小作者”的快乐。除了制作图书，还可以让幼儿用树叶、卡纸等，剪成各种形状，画上美丽的图案，自制独一无二的小书签，帮助幼儿养成良好的阅读习惯。

教师还可以根据学前儿童教育实践列举出不同的学前儿童语言区角活动类型，但不管怎样，它们都有一个共同的特点，那就是努力营造轻松和谐的语言环境，让幼儿在丰富多彩的自主活动中发展和增强语言能力。

调查与研究： 赴实践基地开展观察和调研，了解幼儿园教育实践中有哪些不同类型的语言区角活动，说说这些语言区角活动对幼儿语言能力的发展有什么作用。

任务 3
掌握学前儿童语言区角活动指导的要求

任务目标

掌握学前儿童语言区角环境创设、材料投放及教师干预的基本要求。

知识链接

学前儿童语言区角活动旨在通过自主的、个性化的语言活动促进幼儿的语言发展，其中环境创设、材料投放及教师干预等，都将直接影响幼儿的学习品质。

一、学前儿童语言区角环境创设

环境是“隐性课程”。良好的语言区角环境能吸引幼儿的注意力，激发幼儿参与区角活动的兴趣。教师应合理布局，统筹考虑，为幼儿创设科学适宜的语言区角环境。

（一）语言区角的布局要合理

一般来说，语言区角要远离过道，远离角色游戏区、建构游戏区等热闹区域，可以与安静的益智区、美工区相连，设置在安静和光线较好的地方，使用矮柜、栅栏、书架等隔成不同大小的围合或半围合空间。尤其是阅读区，可以创设成温馨静谧的“小书吧”，墙面可以贴上图文并茂的阅读规则，地面可以铺上地毯，放上造型可爱的布艺靠垫、海绵积木、小圆桌、小椅子等，让幼儿在温馨、舒适的环境中尽情享受阅读的乐趣，专注地投入阅读活动。表演区则可以搭建一个较大的舞台，还可划分观众区，摆上几张小椅子，以便台上的“演员”和台下的“观众”互动，尽情展现自我。

拓展阅读

语言区角环境布置小妙招

- 铺上色泽柔和的地垫或地毯，浅蓝色、淡绿色均适宜。
- 准备一些干净美丽的抱枕或坐垫，如可爱的动物造型抱枕、柔软的爱心抱枕。
- 放上与教室里桌椅不同的可爱的小桌子和小椅子。
- 提供能够充分展现图书封面、高度与幼儿身高相符的书架或卡通书袋。
- 根据图书的不同性质与种类选择适宜的呈现方式，或挂，或平铺，或垒高，或排列等，保持视觉上的美观。

（二）语言区角的标志要鲜明

语言区角的标志要清晰醒目，可以张贴在矮柜、墙面上，也可以垂挂于幼儿视线可及之处。标志牌上可以注明语言区角的名称，如“甜心书吧”“拼一拼，讲一讲”“我来播新闻”“小小故事王”等。

为保持阅读区的规范、有序，有的区角还可以设计图文并茂的操作步骤、注意事项等，以卡通文字、幼儿的绘画作品或真实的活动照片的形式呈现，给予幼儿直观的提示，帮助幼儿掌握规则，了解活动流程，提高自主性。

（三）语言区角与其他区互动共享

语言区角可以和安静的区域毗邻，实现区域间的优势互补、资源共享。例如：紧靠美工区，美工区制作的图卡等可以成为幼儿创编故事的操作材料和表演区的道具；紧靠益智区，幼儿良好的学习行为和习惯可以相互影响。

调查与研究： 赴实践基地开展观察和调研，整理语言区角的相关图片资料，说说语言区角环境创设有什么要求。

____

____

____

二、学前儿童语言区角材料投放

幼儿是在与环境、材料的相互作用下进行学习的。语言区角材料的投放要考虑幼儿语言发展的特点和语言教育的目标任务，贴近幼儿的需要和兴趣，集多感官操作、多层次互动、多情境感受于一体，充分彰显语言学习的游戏性、互动性、情景性。

（一）针对性

语言区角的材料应结合语言教育的目标和主题活动内容，有目的、有计划地投放，使语言教育的各项活动成为一个完整和谐的整体，有效促进幼儿的语言发展。

（二）丰富性

一个区角通常要满足多名幼儿同时活动的需要，因此教师要提供种类丰富的材料，用托盘、小盒或小筐等装好，整齐摆放在敞开的柜子里。这些材料的数量应充足，以满足幼儿充分活动的需要。

（三）层次性

各年龄段班级语言区角活动的内容是不一样的，因此投放材料时应充分考虑各年龄段幼儿的经验和能力，满足幼儿的需求，并且随着幼儿经验的积累和能力的发展，材料的数量、操作难度等应逐渐增加，让每一个幼儿都能在适宜的环境与条件中获得发展。

调查与研究： 赴实践基地开展观察和调研，看看幼儿园语言区角投放了哪些材料。你认为这些材料的投放恰当吗？

____

____

____

三、学前儿童语言区角活动教师干预

语言区角活动既不同于集体教学活动，又不同于幼儿的自由活动。教师既不应成为教学活动的主导者，也不能仅作为旁观者，需要重新定位自己的角色，成为活动条件的创造者、活动过程的观察者、活动结果的评价者。

（一）引导幼儿明确区角活动的规则

语言区角不是任意活动的场所。为了保证幼儿能够在区角中顺利地开展语言学习活动，班级需要制定合理的规则。有了合理的规则，就能减少活动中的矛盾纠纷，也能帮助幼儿树立规则意识，培养自律行为。应当注意的是，规则应有利于幼儿积极参与活动，保证活动的有序进行。例如阅读区规则：爱护图书，轻拿轻放，阅读时保持安静；注意阅读时的姿势和用眼卫生；阅读结束时要快速地整理好图书等。规则可以由教师直接讲解，也可以由教师与幼儿一起商讨制定。教师应该引导幼儿积极参与规则制定，倾听幼儿的想法，合理采纳幼儿的建议，让幼儿明白为什么要制定这样的规则，增强幼儿自觉遵守规则的意识，培养幼儿良好的秩序感。

（二）仔细观察，把握指导的时机

在语言区角活动过程中，教师要善于观察，掌握幼儿与环境、材料和同伴互动的情况，从而判断区角创设的适宜性和指导的时机。一是以个体为观察对象，主要是了解个别幼儿活动的态度、能力、行为表现等，如幼儿对哪些活动比较感兴趣，活动时是否专注、有序，是否善于思考，是否能够有效地与他人沟通，在活动中遇到了什么困难等。二是以群体为观察对象，主要了解区角创设的适宜度，如区角布置是否合理，投放的材料是否符合幼儿的兴趣需要和能力水平等。

学前儿童语言区角活动应充分体现幼儿的自主性。如果时机不当，教师的指导就有可能成为幼儿自主学习的干扰因素。一般来说，当以下情况发生时，教师必须介入并给予适当的指导：一是幼儿在活动过程中出现危及自身及他人安全的行为；二是幼儿主动寻求教师的帮助；三是幼儿面临挫败，无法继续活动；四是幼儿在活动中出现消极、负面的语言或行为等。

（三）掌握语言区角活动的参与方式

在语言区角活动中，教师要进行科学、有效的指导，不仅要注意把握指导的时机，还要注意参与活动的方法，真正引导幼儿在语言区角活动中自主学习、自主探索。在一般情况下，语言区角活动中教师的参与方式主要有两种：一是观察者。教师以观察者的身份出现，对幼儿活动不加干预。在活动出现障碍，无法顺利进行时，教师可以以言语方式，如建议、询问、提示等，或以非言语方式，如表情、神态、动作等，适当指导幼儿的活动，调动和激发幼儿参与活动的积极性。二是参与者。在活动中，教师扮演相应的角色，承担相应的任务，与幼儿完全处于平等的地位，共同推动活动的进行。

（四）及时组织开展活动交流评价

教师要组织幼儿对语言区角活动进行评价，鼓励幼儿参与讨论、交流，积极表达想法，分享快乐，从而有效地促进幼儿自主、自信、主动、愉快地学习，真正成为语言学习的主体。

拓展阅读

大班语言区角活动中的常见问题与指导策略

问题一：合作水平有待提高

大班幼儿已经具有初步的合作意识，但又缺乏合作能力。他们不善于协商，在活动过程中产生矛盾时，常以告状的方式来解决；遇到困难时，很少协商解决，更多的是向教师求助。

指导策略：

1. 提供合作机会。幼儿的合作往往是无意识的，但在教师有意创设的环境中，他们的合作又是必然的。教师可以为幼儿创造合作的机会，如在活动开始前，教师引导幼儿展开讨论："今天老师在阅读区里增添了一些小朋友们喜欢的图书。如果有三个小朋友都想看同一本图书，怎么办?"让幼儿在充分讨论的基础上围绕主题分工、协商后再开展游戏。又如在表演区活动中，教师有意提供多角色的故事，尽量让每个幼儿都有参与的机会，并且引导幼儿尝试分工合作，让每个幼儿在活动中都有参与协商和合作的机会。

2. 建立合作规则。教师可围绕幼儿合作能力的培养目标，在与幼儿共同讨论的基础上，首先对活动区的活动提出"三不""三要"的游戏总规则。"三不"：不乱窜，不争抢图书，不大声喧哗。"三要"：要谦让，要协商，要合作。在活动中教师应认真观察，及时引导提醒幼儿。其次，教师应依据各活动区的不同特点提出具体的要求。如在阅读区，要求幼儿要看什么就拿什么，能与伙伴一同看书，并相互交流与分享图书中的内容等。

3. 树立合作榜样。在语言区角活动中，教师应注意观察每名幼儿的行为表现，利用讲评活动，引导幼儿相互欣赏，分享体验合作的快乐。对有点滴进步的幼儿及时给予肯定、鼓励，强化反馈机制，如说"这是你们一起完成的，真棒!""今天你又多了一位朋友"等。当幼儿表现出合作行为时，教师应及时拍下"合作的一幕"，进行展示交流，引导幼儿感受合作的快乐。

问题二：解决问题能力不够强

大班幼儿有时候由于心理压力较大，情绪表现不够稳定，遇到问题有时会出现退缩、放弃、依赖教师等现象。

指导策略：

1. 鼓励赏识，激励幼儿自主解决问题。幼儿的能力各不相同。在指导幼儿活动时，教师要对幼儿投以赞赏的目光，用欣赏的口吻夸奖幼儿，这样能激励他们积极地投入活动，并自主思维。

2. 设置问题，启发幼儿积极思考。在区角活动中教师可给幼儿提出一些问题，让他们积极运用已有的经验去独立思考，一一找出答案。如果提出的问题幼儿一时回答不出来，教师也不要急于把答案告诉他们，而是要启发幼儿的思考，在幼儿感到困难的时候再帮他们一把。如在开展讲故事活动时，总有幼儿忘记情节，漏掉人物。在完成故事欣赏后，教师及时地抛出问题，利用问题层层递进，帮助幼儿梳理情节，厘清思路，回顾故事的环节及人物出场的先后顺序，等等。

3. 敢于放手，促使幼儿独立解决问题。在区角活动中，教师应设法引导每个幼儿积极思考、解决问题，并鼓励他们独立完成活动，不断地给幼儿创造尝试的条件。如在表演故事《蛀牙王子》时，用教师示范、幼儿学的方式，也能达到预想的结果，但是教师没有让幼儿跟着自己学制作道具，而是请幼儿思考需要什么道具，然后一起制作，这就使得表演更形象、有趣。在不断制作、表演、尝试中，制作的道具更新奇，更漂亮，达到了理想的效果。在这个过程中，每名幼儿都进行了积极的思考，尝试着解决问题，减少了对教师的依赖，促进了独立思维的发展。

问题三：创造力不够

大班幼儿已有了初步的创造性思维，但是他们的创造力由于受客观事物的限制有所欠缺。丰富幼儿的感性经验、情感、想象、幽默感，对于发展其创造力就显得尤为重要。

指导策略：

1. 捕捉“亮点”，启发想象。

在活动中，教师要慎重地对待幼儿的好奇心和无意的行为表现，不要盲目否定，这样就可能捕捉到幼儿创造性思维的“亮点”，挖掘潜在的素材，增强幼儿的创造力。如在一次讲述区角活动中，当幼儿在讲述“小白兔为什么迟到”这一情节时，一旁倾听的幼儿无意地开玩笑说：“海啸来了，所以它躲起来了嘛。”教师听后便灵机一动，随即捕捉了孩子这一无意的“亮点”，及时启发他们想象：“对呀，小白兔可能遇到了海啸。结果它脱险了吗？怎样脱险的？……”幼儿们在这样的一个线索中，讲述了小白兔抓住了树干、遇到了好心人等情节。

2. 迁移经验，推陈出新。

幼儿在活动区游戏时，有时往往会因为厌倦某种材料单一的玩法而放弃活动。为此，教师可迁移幼儿原有的经验，鼓励幼儿大胆想出活动的其他玩法和规则，增强幼儿的创新能力。如在表演故事《蛀牙王子》时，教师引导幼儿回忆、借鉴故事原来的情节，为故事创造出新的人物和情节。幼儿在自我经验的迁移与调整中，想出了更多人物角色，如公主、女巫等，编出更为新奇的环节，还为故事起了新的名字——新蛀牙公主。

3. 巧用提问，启发思考。

幼儿的思维是活跃的，如果有了教师的进一步启发，他们的思维将再次迸发出新的灵感火花。因此，教师可以通过启发性提问，引导幼儿思考解决问题的不同方法。如在讲述故事《鸟窝里的树》时，教师通过提问“鸟窝里为什么会长出树，还可以长出什么？”启发幼儿思考，发展幼儿的创造性想象。

（根据网络材料综合整理）

调查与研究：赴实践基地开展观察和调研，说说在学前儿童语言区角活动中，教师怎样才能发挥好应有的作用？

任务 4
学前儿童语言区角活动研究与实践

任务目标

1. 认真阅读案例，能够结合材料投放、玩法、观察重点、活动提示等整体把握学前儿童语言区角活动指导的基本要求。

2. 能够对案例进行评析，学习活动设计与指导的“亮点”与特色。

3. 尝试根据方案进行活动模拟，增强自己的活动调控能力。

4. 能结合实践观察记录，概括学前儿童语言区角活动的主要环节，并评价其得失。

5. 确定对象，设计一次学前儿童语言区角活动，尝试实践并反思。

案例研究

中班语言区角活动：故事小剧场

【活动材料】

1. 供幼儿欣赏的故事录音《桃树下的小白兔》《小羊和狼》《泡泡找来的朋友》等。录音中包含和故事情节匹配的简单提问，如“小兔还会把信送给谁呢?”等。

2. 供故事讲述的背景图、角色玩偶等。

3. 故事小剧场中所需的简单场景、道具、角色头饰或指偶等，如《桃树下的小白兔》中各种小动物的头饰、寄给小动物的信件（内有桃花花瓣）若干。

4. 记录纸和笔。

【玩法指导】

玩法一：听一听

幼儿选择自己喜欢的故事听一听，在听完故事后用自己的方式记录答案的内容，张贴在环境中。幼儿可以说说自己记录的内容，也可以看看、说说同伴记录的内容。

玩法二：排一排

教师将故事的主要情节制作成背景图和可以操作的角色玩偶，供幼儿讲述时使用。如讲述故事《桃树下的小白兔》时，可以让幼儿用图片将小兔子先后把桃花赠送给哪些动物朋友展示出来，在放放、排排中讲述故事；还可以选择不同的背景图和动物图片，让幼儿尝试创编新的故事。

玩法三：演一演

幼儿选择自己喜欢的故事角色，借助背景、指偶等进行故事表演。

【观察重点】

1. 幼儿能否专注地听，是否有讲述的兴趣。

2. 幼儿能否对故事内容进行相应的排序、讲述和表演，其思维能力和语言表达能力如何。

3. 幼儿的表演是否自信大方，能否用故事语言或自己的语言表演。

【提示】

1. 本活动可以使幼儿在操作表演中加深对故事的理解，锻炼其创编简单角色和对话的能力，并通过环境、同伴分享等途径，鼓励幼儿大胆表达、主动表达。

2. 教师可根据故事内容设计问题，突出角色之间的情感关系，让幼儿在倾听和表达中感受朋友之间的情感。

（陈青，张卫萍，程敏，等．故事小剧场［J］．上海托幼，2014（增刊）：67.）

案例评析：

扫一扫

观点参考

实践反思：

资源链接

扫一扫

小班语言区角活动：我的情绪小怪兽

扫一扫

大班语言区角活动：寻找中国字

实践探究

1. 赴幼儿园观摩学前儿童语言区角活动，认真记录并概括活动的主要环节，研讨分析其得失。

观察对象：		活动主题：		时间：	
活动记录：					
概括主要环节：					
简要评析：					

2. 确定好对象，完整设计一份学前儿童语言区角活动方案，尝试实践，并进行反思研讨，提出改进意见。

活动对象：		活动时间：	
活动主题：			

续表

活动目标：
活动准备：
活动过程：
活动反思：

思考与总结

1. 学前儿童语言区角活动的内涵与特点是什么？
2. 学前儿童语言区角活动有哪些类型？
2. 学前儿童语言区角活动指导包括哪些部分？分别应注意什么？